本书系重庆第二师范学院校级科研平台"0-6岁儿童家庭教育研究中心"
（编号：16xjpt03）的系列研究成果之一

幼儿园室内活动区游戏化课程设计与实施

主　编　张家琼　何明蓉

副主编　黄程佳　杨兴国　赖天利

西南师范大学出版社
国家一级出版社 全国百佳图书出版单位

图书在版编目（CIP）数据

幼儿园室内活动区游戏化课程设计与实施 / 张家琼主编. — 重庆：西南师范大学出版社，2020.12
ISBN 978-7-5697-0449-5

Ⅰ. ①幼… Ⅱ. ①张… Ⅲ. ①游戏课－学前教育－教学参考资料 Ⅳ. ①G613.7

中国版本图书馆CIP数据核字(2020)第235028号

幼儿园室内活动区游戏化课程设计与实施
YOU'ERYUAN SHINEI HUODONGQU YOUXIHUA KECHENG SHEJI YU SHISHI

张家琼 何明蓉 主编

责任编辑：张浩宇
装帧设计：尹　恒
排　　版：黄金红
出版发行：西南师范大学出版社
印　　刷：重庆市正前方彩色印刷有限公司
幅面尺寸：185 mm×260 mm
印　　张：10.75
字　　数：250千字
版　　次：2021年1月　第1版
印　　次：2021年1月　第1次印刷
书　　号：ISBN 978-7-5697-0449-5

定　　价：35.00元

前言

《幼儿园工作规程》和《幼儿园教育指导纲要》都明确提出"游戏是幼儿园的基本活动"。所谓基本活动,首先意味着幼儿园课程应该游戏化,一日生活的各个环节都应该充满游戏精神;二是自由游戏的时间要保证,儿童应该有自由游戏的时间,这种游戏时间不应该被"教学"及其他教师直接指导的活动所代替;其三,所有的活动都应该以一种游戏化的方式进行。

活动区活动,是以幼儿的需要、兴趣为主要依据,考虑幼儿园教育目标,正在进行的其他教育活动因素,将活动场地划分为若干不同区域,并投放适宜的活动材料,制定相应的活动规则,让幼儿自由选择区域、自由进行活动,在不同的区域内,幼儿通过与材料、环境及同伴的相互作用获得个性化学习与发展的一类教育活动。相比于幼儿园集体教学活动,区域活动更具游戏性、自由性、自主性、开放性、灵活性,并兼顾差异性和间接指导性的特征。可以说,游戏性是活动区活动的本质特征。

近年来,我国各地幼儿园掀起了区域活动实践和研究的热潮。不少幼儿园立足于园所的教育特色,进行了长达数年的区域活动园本教研,取得了一系列丰富的成果,比较突出的有深圳市莲花北二村某幼儿园进行了长达十几年的区域环境创设研究,北京市房山区某幼儿园进行的区域活动实践与探索。我们感谢这些走在幼教前沿的工作者们,他们用自己的努力为我们提供了实践的指引。站在巨人的肩膀上,我们开启了幼儿园活动区游戏化课程的研究之旅。"游戏课程化"这一视角着力于课程,着眼于游戏,强调通过游戏的方式来推进课程,体现了"游戏是儿童的基本活动"这一指导思想。

本书是重庆第二师范学院学前教育学院与重庆市大渡口区教育委员会横向科研课题"区域性幼儿园游戏化课程研究"的阶段性成果之一,并得到了重庆第二师范学院校级科研平台"0~6岁儿童家庭教育研究中心"的资助。项目的顶层设计思路及板块构思设计由重庆第二师范学院张家琼教授和大渡口区教师进修学校学前教研员何明蓉、大渡口区学前教育指导中心组长赖天利联合设计，各自组团以院（高校学院）园（幼儿园）联动方式完成，达成高校教师理论导引下的实践案例支持和园所教师实践环节的理论提炼支持的双赢效果。参与人员包括重庆第二师范学院学前教育学院的教师（王善安、胡秋梦、孙卫、王婧文、汪娟、黄程佳、江楠）与项目合作方大渡口区学前教育发展指导中心工作组（龚钛华、何明蓉、赖天利、张英、周昌碧、范晓丽、陈琼、叶礼娜、杨霞、邓敏、冯欢、李德红、胡晓），以及项目试点园园长（大渡口幼儿园赖天利、大渡口区东海幼儿园陈琼、重庆市钢城实验学校附属幼儿园李欣珈、大渡口区博雅香港城幼儿园张兰、大渡口区蓝天齐爱幼儿园周梅、大渡口区哆来咪幼儿园徐晓、大渡口区清华教鸿幼儿园张晓微、耀星第一幼儿园罗春秀）三类团队。

本书从室内活动区角色游戏区、益智区、生活区和其他区四个方面对幼儿园活动区的游戏化课程进行了研究，并在深入实践的基础上，对各个区域的游戏化课程方案进行了完善。课程方案包含游戏的环境和经验准备、目标、游戏过程中幼儿活动的观察与记录，以及教师基于观察的指导与支持策略。本书在一定程度上拓展了幼儿园游戏化课程研究的深度和广度，同时也为幼儿园一线教师开展室内活动区的游戏化课程提供了大量的实践案例。

本书由重庆第二师范学院张家琼教授和大渡口区教师进修学校学前教研员何明蓉担任主编，负责框架体例设定、策划审稿与组织协调工作，具体各章节编写分工为：第一章（王善安、张家琼），第二章（孙卫），第三章（胡秋梦），第四章（张家琼、黄程佳）。本书在编写、出版的过程中，自始至终得到了编写组成员所在单位的大力支持，尤其要感谢大渡口区教育委员会副主任沈维安，以及参与实践探索与提供素材的所有幼儿教师们，在这里一并表示诚挚的谢意！

本书为一线幼儿园教师所设计，同时也适用于中高职、本科学前教育专业的学生。尽管我们力求全面地呈现幼儿园室内活动区游戏化课程理论及实践的各个方面，但鉴于水平及分析、处理问题的视角局限，书中肯定不乏错误与疏漏，敬请广大读者批评指正。

目录

"生活体验"+游戏化课程 — 1

- 活动一　小小洗衣坊　　　　3
- 活动二　米奇妙妙屋　　　　7
- 活动三　时空站　　　　　　10
- 活动四　水间茶楼　　　　　13
- 活动五　微笑果站　　　　　16
- 活动六　玩具排排坐　　　　20
- 活动七　小猪佩奇理发店　　23
- 活动八　奇妙的扣子世界　　26
- 活动九　欢乐电影院　　　　30
- 活动十　磨坊　　　　　　　33

"益智"+游戏化课程 — 37

- 活动一　水果争"5"　　　　39
- 活动二　玩转乒乓球　　　　42
- 活动三　会跳舞的喷泉　　　46
- 活动四　炫酷台球　　　　　51
- 活动五　弹贝壳　　　　　　56
- 活动六　好玩的气球　　　　59
- 活动七　有趣的翻花绳　　　64
- 活动八　巧玩吧　　　　　　68
- 活动九　叠叠高　　　　　　70
- 活动十　纸牌大战　　　　　73
- 活动十一　萝卜泡泡吧　　　76

活动十二　猫捉老鼠　　　　　　　**79**

　　活动十三　滚小球　　　　　　　　**82**

　　活动十四　最强大脑　　　　　　　**85**

角色区＋游戏化课程　　　　　　　　**89**

　　活动一　佩奇乐园　　　　　　　　**91**

　　活动二　生日派对　　　　　　　　**95**

　　活动三　国医馆　　　　　　　　　**98**

　　活动四　我是小医生　　　　　　　**102**

　　活动五　急救　　　　　　　　　　**105**

　　活动六　轩宇阁　　　　　　　　　**108**

　　活动七　造型屋　　　　　　　　　**112**

　　活动八　火锅KTV　　　　　　　　**115**

　　活动九　西餐厅　　　　　　　　　**119**

其他区＋游戏化课程　　　　　　　　**123**

　　活动一　不可思议的妈妈　　　　　**125**

　　活动二　鸟儿在唱歌　　　　　　　**129**

　　活动三　生命旅行记　　　　　　　**132**

　　活动四　礼乐坊　　　　　　　　　**135**

　　活动五　汪汪救援大队　　　　　　**139**

　　活动六　御林军擂台赛　　　　　　**145**

　　活动七　小动物拔河　　　　　　　**151**

　　活动八　有趣的三角板　　　　　　**154**

　　活动九　趣味数字棒　　　　　　　**157**

　　活动十　数字乐园　　　　　　　　**161**

《3~6岁儿童学习与发展指南》明确规定学前教育应该帮助幼儿养成良好的生活与卫生习惯，提高自我保护能力，形成使其终身受益的生活能力和文明生活方式。生活体验模块基于"四关注"即关注孩子、关注环境、关注体验、关注获得感，强调生活化教育，特别注重教育的生活化，从生活实践中选取教学内容，使幼儿感到亲切、自然，并获得必要的生活经验。

关注孩子——充分尊重和保护幼儿的好奇心和学习兴趣，帮助幼儿逐步养成积极主动、认真专注、不怕困难、敢于探究和尝试、乐于想象和创造等良好学习品质。同时，允许孩子"犯错"，不拘泥于具体生活技能的"标准化""刻板化"；包容孩子的"差异"，尊重每一个孩子表现出来的"不同"。

关注环境——环境作为幼儿园一种隐性课程，对幼儿产生着潜移默化的影响。在生活体验模块，我们促进幼儿积极主动地与环境相互作用，满足幼儿运动、交往、探索、表达的需要，使他们在快乐的童年生活中获得有益于身心发展的经验。

关注体验——设置一定的场地，引导幼儿体验"真实"的生活场景，不同玩法在不同的区域展开，但区域与区域之间相通，幼儿在不同的角色中体验生活，对幼儿的动作、感知、语言、人际交往都有益处。需要反思的是在体验过程中，思考幼儿对不同角色的理解和转换。

关注获得感——在生活体验游戏活动中，给予幼儿自主学习、动手的机会，以"生活小主人"的主动性、独立性为主线，让幼儿在"食物准备""衣服清洗"等活动中锻炼基本的生活技能，养成良好的生活习惯。幼儿在活动过程中表现出的积极态度和良好的行为倾向是终身学习与发展所必需的宝贵品质。

经过不断的实践和探索，我们以游戏活动为载体，将生活情景融入其中，发现幼儿园课程与幼儿的生活世界距离越近，越能引发幼儿的学习兴趣，幼儿的学习也更有效。

活动一 小小洗衣坊

园所：博雅香港城幼儿园　　班级：大班　　实施教师：伍斌蒂　　指导教师：叶礼娜

> 活动名称：小小洗衣坊

🏷 活动准备

1. 物品准备：干净的衣裤袜、脏的衣裤袜、肥皂、洗衣粉、洗衣液、洗衣刷、衣架、绳子、撑衣杆、晾晒夹、若干盆子、若干篮子、分类牌（深色裤衣袜、浅色裤衣袜）2份、箱子6个、衣柜、步骤图、洗衣服视频。

2. 经验准备：幼儿知道可以洗衣服的用品。

3. 场地准备：洗衣服、晾衣服：空旷且方便接水的地方；叠衣服：放有柜子的地方。

4. 人员准备：3名教师。

📖 活动过程

玩法一：洗衣服

1. 准备。
（1）管理员收拾脏衣服。
（2）将脏衣服按类型和颜色分类。

2. 选择洗衣服的清洗用品。

3. 幼儿自主结伴活动（可单独，也可双人或几人合作）。

4. 幼儿洗衣服：加入适量的水 → 拧干多余的水 → 打肥皂 → 搓（一只手在上、一只手在下）→ 清洗 → 拧干放入盆中。

5. 幼儿检查衣服是否洗干净。
检查方法：
（1）闻衣服的味道。
（2）观察水的颜色。

所属板块：生活自理

📍 活动目标

1. 使幼儿在体验3个玩法中，学会折叠、整理、清洗衣物。
2. 使幼儿在结伴游戏等过程中，产生团队合作意识，知道与同伴合作完成效率更高。
3. 使幼儿在衣物的清洗、整理过程中，能够掌握相关的生活自理能力。

🔍 观察与支持策略

观察：3个玩法同时进行，幼儿自主选择游戏角色（员工、洗衣师、折叠师、晾晒师、管理员、观察员），但有些幼儿存在角色选择困难。

支持：教师提前告知幼儿各个角色的分工，让幼儿选择好角色后再开始，而且过程中角色可以互换。

观察：幼儿洗衣服的时候存在"不会""观望"等现象。
支持：教师示范。

"生活体验" + 游戏化课程

观察： 第一次活动时，正确洗衣服的视频放在了洗衣服的前面观看，但幼儿观看之后仍然出现"不会"的情况。

支持： 洗后再看，强化洗衣动手能力。

（3）看衣服的泡泡。

6.幼儿观看正确洗衣服的视频。

玩法二：晾衣服

1.准备好晾衣服需要的衣架、晾衣绳、撑衣杆。
2.抖平衣服的襟、领、袖等进行晾晒。
3.将衣服挂在衣架上。
4.将衣服挂在晾衣绳上。

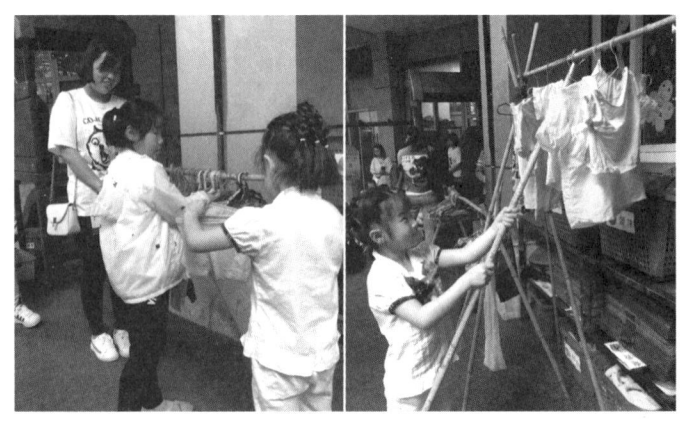

玩法三：

1. 观察叠衣服步骤图。

 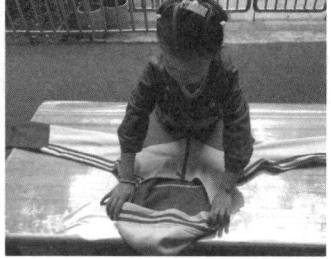

（1）拉拉链　　　　　　　　（2）放平整

（3）把一只衣袖折在胸前　　（4）再把另一只衣袖叠放在胸前

（5）帽子向前折　　　　　　（6）衣服对折

2. 叠衣服：
（1）拉拉链（有拉链衣服）。
（2）将衣服正面朝下，铺平放好。
（3）将衣袖放在胸前。
（4）帽子向胸前折（帽子衣服）。
（5）衣服对折。

观察： 幼儿叠衣服时，步骤模糊。
支持： 设计了叠衣服、叠裤子的步骤图，幼儿可随时参考。同时，教师进行正确示范。

"生活体验" + 游戏化课程　5

3. 观察叠裤子步骤图。

（1）放平整　　　　（2）抚平裤脚对折　　　（3）将裤腰和裤脚对折一次　（4）将裤腰和裤脚对折两次

4. 叠裤子。
（1）裤子放平整。
（2）将裤子抚平对折。
（3）将裤长对折两次，完成。

5. 将叠好的衣裤按类型和颜色放入柜中。

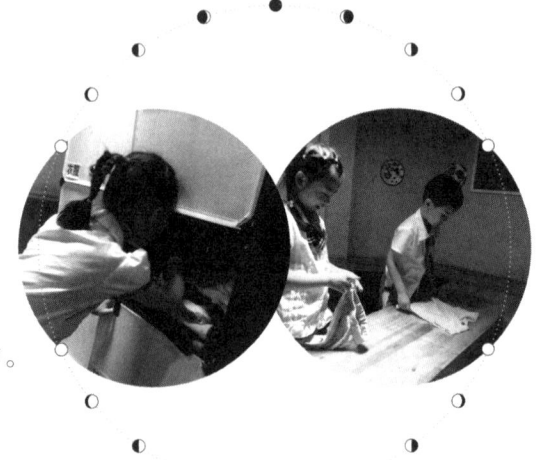

活动评价与反思：

　　小小洗衣坊利用幼儿在生活中常见的材料，设计洗衣、晾晒、整理几大玩法，实际上就是将"现实生活"搬到了幼儿园，并给幼儿提供操作步骤、视频、示范，避免因"不会"放弃，让幼儿在操作体验中，学会折叠、整理、清洗衣物，掌握相关的生活自理能力；使幼儿在结伴等过程中，产生团队合作意识，知道同伴之间合作完成效率更高；使幼儿在衣物的清洗、整理过程中，锻炼问题解决的能力。

　　一个幼儿自述"我自己的事情我自己做，虽然我看见这些帽子衣服很生气，但是我拿到它们我就要把它们弄好，多做几次我就会了。"引发了反思，在孩子自主游戏时，老师注意观察是适当介入游戏的前提，观察幼儿的状态、掌握提供帮助的时机等，无论是"介入"，还是"放手"，都应以尊重幼儿的需求和发展为前提。

活动二 米奇妙妙屋

园所：大渡口幼儿园　　班级：小班　　实施教师：李亚丽、周方林　　指导教师：周昌碧

> 活动名称：米奇妙妙屋

🏷 活动准备

1. 物品准备：面粉、坚果、糕点制作工具、烤箱、盘子、模具、镊子、锡纸、手套、服装、书、毛绒玩具、书架、地垫、各种茶、茶具、茶镊子。
2. 经验准备：知道糕点制作和泡茶的基本步骤。
3. 场地准备：室内。
4. 人员准备：两个老师，一位保育员。

📖 活动过程

玩法一：米奇烘焙坊

1. 和面：揉好面团。
2. 造型：捏出自己想要的蛋糕形状，或是将面团压平整，选择饼干模具，压出饼干；可以根据自己的口味添加一些坚果（葡萄干、巴旦木、蔓越莓等）。
3. 装盘：将制作好的饼干和蛋糕装在烤盘里面。
4. 烘烤：将装好盘的饼干、蛋糕放到烤箱里面烘烤。
5. 把做好的饼干和蛋糕与同伴分享。

所属板块：生活体验区

📍 活动目标

1. 使幼儿在活动体验中锻炼语言表达能力、社会交往能力和动手操作能力。
2. 使幼儿通过搓、捏、揉等动作感受体验图形的变换与组合、色彩的搭配，利用手工制作来表达自己的所见所想。
3. 使幼儿初步探究感知物体形态的变化以及物体与物体之间的化学作用。

🔍 观察与支持策略

观察： 幼儿做好了饼干，又马上毁掉，再反复用模板印。

支持： 引导幼儿将做好的饼干放进烤箱烘烤，再装盘分享。

观察： 幼儿对糕点烘烤的时间掌握不到位，刚刚放进烤箱，调整好时间和温度以后，就马上将糕点拿出来。

支持： 在前期经验准备时，带领幼儿观看烘焙的视频，获取烘烤步骤经验。后期游戏进行时，老师可以作为小客人去买糕点："师傅，你这个糕点没熟。"

观察： 幼儿做了糕点和饼干，就开始看向其他的区域或者离开自己的区域到其他区域闲逛。

支持： 老师作为小客人加入游戏中，走到这个小朋友做糕点的地方，语言引导："师傅，师傅，我想买一点糕点，你能推荐一下吗，哪一种最好吃呢？那这个糕点叫什么名字啊？怎么做的呢？"将幼儿的注意力吸引回来。

观察： 幼儿控制不好取茶的量，往往夹得很多，或者把每一种茶都加在杯子里面，茶多水少。

支持： 前期经验准备时，让小朋友观看泡茶的视频，引导幼儿观察茶艺师取茶的量，怎么取茶。后期当幼儿将茶泡好了，询问他们说说茶的味道，有的说："苦苦的，怪怪的，总是把茶叶喝到嘴巴里面了。"通过提问，如"为什么会这样呢？"引导幼儿思考会不会是取茶的量的影响。

玩法二：唐老鸭水吧

1. 根据自己的口味选择茶叶，用镊子将茶叶取出来，放到茶壶里面。
2. 倒水冲开茶叶，观察茶叶的变化。
3. 将茶水倒出，与同伴一起品尝。

8　幼儿园室内活动区游戏化
　　课程设计与实施

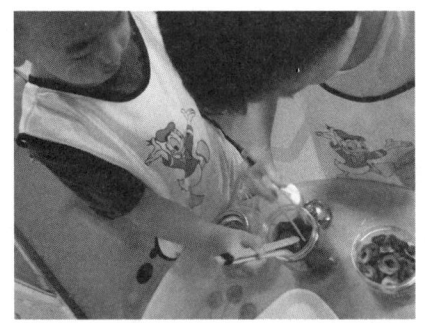

玩法三：米妮生活坊

1. 脱鞋进入区域。
2. 选择自己喜欢的书阅读或是照顾娃娃。
3. 同伴之间互相交流好看的书或是一起照顾娃娃，享受悠闲时光。

观察： 水刚好漫过茶叶，幼儿就迫不及待要尝尝茶水的味道。
支持： 引导幼儿将水加进去以后，观察茶叶的变化、水的颜色变化，并等待、观察。

观察： 幼儿带着娃娃出去买糕点和喝茶的时候，容易丢失娃娃。
支持： 教师引导："这是谁家的娃娃，在这儿'哇哇'哭呢？""爸爸妈妈带你们出去玩的时候，会把你们忘记了吗？"

观察： 幼儿经常将娃娃头朝下夹在胳膊下面、头斜着朝下、脚朝上穿裤子等。
支持： 教师引导幼儿回忆已有经验，爸爸妈妈给自己穿衣服或者自己穿衣服时候的步骤。

活动评价与反思：

生活体验关注"体验"，设置一定的场地，引导幼儿体验"真实"的生活场景，从而促进孩子的动作、语言、认知等的发展。米奇妙妙屋设置了三个场景，分别是蛋糕制作、茶艺、休闲区域，使幼儿在活动体验中锻炼语言表达能力、社会交往能力和动手操作能力；幼儿通过搓、捏、揉等动作感受体验图形的变换与组合、色彩的搭配，利用手工制作来表达自己的所见所想；使幼儿初步探究感知物体形态的变化以及物体与物体之间的化学作用。三个玩法在不同的区域展开，但区域与区域之间相通链接，幼儿在不同的角色中体验生活，对幼儿的动作、感知、语言、人际交往都有益处。

需要反思的是在体验过程中，思考幼儿对不同角色的理解和转换，同时，生活体验中"生活技能"或者"动手操作能力"的获得应处于什么样的权重位置，是否需要"模式化"或者"标准化"的操作流程，例如泡茶中，幼儿倒入水后立即品尝味道是否需要"纠错"等。

活动三 时空站

园所：大渡口幼儿园　　　班级：大班　　　实施教师：杨高红、余彩凤　　　指导教师：周昌碧

所属板块：生活体验

活动目标

1. 使幼儿感受时空穿越的乐趣，体验现代与古代的区别。
2. 使幼儿能够锻炼眼力、腿部、上肢、腰腹的协调性和灵活性。
3. 使幼儿在描绘穿越线路等过程中，培养空间知觉等认知能力。
4. 使幼儿在游戏体验中，养成勇于挑战、遵守规则等良好品质。

观察与支持策略

观察： 有些幼儿在游戏过程中收集了4张相同的卡片就想兑换。
支持： 提醒管理员必须是4张不同的达标卡，而不是4张相同的卡。

观察： 管理员在回收达标卡的时候没有按照规则存放。
支持： 提供4个小篮子，让管理员分类摆放。提醒管理员分类摆放。

> 活动名称：时空站

活动准备

1. 物品准备：服装、智力游戏、迷宫图、吊环、投壶、乒乓球、篮子、时空牌、体能达标卡、计时器、时空隧道等。
2. 经验准备：听过时空穿越，或者观看过时空穿越的影视节目。
3. 场地准备：将泡泡班创设成一个时空站。
4. 人员准备：2位教师，1位保育员。

活动过程

玩法一：时空穿越游戏管理员

1. 管理员自主选择游戏区域，更换服装。
2. 管理员将自己负责区域的游戏道具摆放在相应的位置。
3. 管理员领取自己负责区域所需要的体能达标卡片、计时器、穿越吊牌等游戏道具。
4. 管理员给自己所在区域挑战成功的挑战者发放体能达标卡片、计时器、穿越吊牌等游戏道具。
5. 管理员等待挑战者参与游戏。
6. 管理员在游戏结束后将游戏道具摆放到相应的位置。

备注：在这个环节中，管理员的责任重大。一定要严格把关，游戏者必须集齐4张不同的卡片才能兑换穿越吊牌。

穿越吊牌兑换管理员

投壶游戏管理员

玩法二： 时空穿越游戏挑战者

1. 挑战者根据自己的喜爱自主选择游戏服装，并在老师的帮助下更换服装。

2. 挑战者自主选择智力游戏顺序并进行挑战。

3. 挑战者根据智力游戏的出口找到对应的体能项目并进行挑战。

4. 挑战者重复挑战不同区域的智力游戏和迷宫出口，集齐4张体能达标卡。

5. 挑战者集齐4张不同的体能达标卡，兑换穿越吊牌和计时器。

6. 挑战者穿越到吊牌规定的地点，并在规定时间内安全返回。

7. 挑战者在游戏结束后归还游戏道具。

挑战者挑战投壶游戏

观察： 幼儿走迷宫和挑战智力游戏时喜欢挑选简单的内容和路径，且存在多人选择同一种迷宫的情况。

支持： 在智力游戏区域注明每个对应游戏的游戏题卡，如：要挑战Ａ游戏时必须完成Ａ类题卡，从Ａ出口迷宫出去才能到达Ａ游戏区域。以此类推。教师在活动开始时向游戏者强调此规则。

观察： 有的幼儿因为挑战项目有难度，一直挑战简单的游戏项目。

支持： 教师可将游戏规则及目标定位成三个等级：初级、中级、高级。三级目标分别达成后才能获得兑换卡。

"生活体验" ＋ 游戏化课程

挑战者穿越时空隧道

挑战者走迷宫

活动评价与反思：

　　游戏是一种符合幼儿身心发展要求的快乐而自主的活动，"穿越时空站"游戏充分调动了孩子的主动性和创造性，设计和构思源于孩子对科学探究的兴趣，关注体验、关注差异，提供了丰富的游戏形式予以选择。在活动体验中，使幼儿感受时空穿越的乐趣，体验现代与古代的区别；使幼儿能够锻炼眼力、腿部、上肢、腰腹的协调性和灵活性；使幼儿在描绘穿越线路等过程中，培养空间知觉等认知能力；使幼儿在游戏体验中，养成用于挑战、遵守规则等良好品质。

　　需要反思的是在游戏过程中，每个幼儿的能力存在差异，游戏规则的设定不能"一刀切"；必须以发展的眼光看待幼儿，难度适中，使得孩子能够"跳一跳摘桃"。无论是什么样的游戏，孩子永远是主体，教师要做的是观察和提供孩子需要的帮助。尊重差异，尊重发展，尊重孩子的主体性。

活动四 水间茶楼

园所：大渡口幼儿园　　班级：大班　　实施教师：刘娟、邹婕　　指导教师：周昌碧

> **活动名称：水间茶楼**

🏷 活动准备

1. 物品准备：茶具、花瓶、假花、音乐、毛巾、桌椅、桌布、钱包、玩具钱币。
2. 经验准备：教师带领幼儿学习关于制茶、泡茶、品茶的茶艺知识经验；家长带领幼儿去到古镇茶楼游玩品茶的生活经验。
3. 场地准备：教室区角，桌椅两组。
4. 人员准备：茶艺师一名、服务员一名、收银员一名。

📖 活动过程

玩法一：茶艺师

1. 备好茶具，简单布置茶席。
2. 进行茶艺表演。
3. 获得报酬。

玩法二：茶楼服务员

1. 招呼客人入座。
2. 为客人倒茶。
3. 收拾整理茶具。
4. 获得报酬。

玩法三：客人

1. 找好座位。
2. 选茶、喝茶，观赏茶艺表演。
3. 付费后离开。

所属板块：生活体验

📍 活动目标

1. 使幼儿在观察、操作过程中，体验、感知中国茶文化。
2. 使幼儿了解简单的茶艺流程和礼仪。
3. 使幼儿学习正确使用人民币等，获得相关的生活技能。

🔍 观察与支持策略

观察：幼儿因为角色归属问题产生争执，部分幼儿不想扮演服务员，而想扮演茶艺师。

支持：比较热门的角色，比如茶艺师，可以根据一定顺序轮流扮演，也可以由区域内的幼儿投票选出。

观察：光顾茶楼的客人较少，游戏区域内的幼儿没有事情可做。

支持：教师引导幼儿结合生活中的经验，回忆逛商场时遇到服务员的场景，并结合茶楼想想办法，思考怎样才能吸引客人？幼儿最终采用叫卖和推销的方法吸引到了"顾客"。

观察： "茶艺师"幼儿 A 的表演动作比较单一，"客人"幼儿 B 在等茶的过程中，注意力不能集中看茶艺表演，较无聊。

支持： 引导幼儿 A 思考如何让自己表现得更美去吸引客人的欣赏，从肢体动作和表情神态上进行考虑。幼儿 A 增大了表演动作柔美度和幅度，脸上露出更多笑容。同时，引导幼儿 B 在欣赏表演的同时，可以模仿茶艺师的动作和神态，为下次担任茶艺师做好准备。

服务员招呼客人

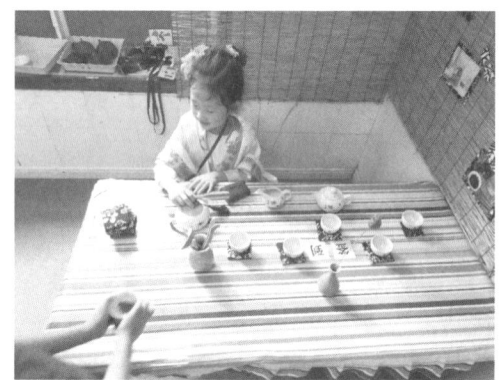

茶艺师泡茶

服务员端茶

客人付费

客人品茶

服务员收拾茶

活动评价与反思：

"水间茶楼"是一个典型的由多领域相互渗透整合，幼儿知识经验与生活经验相融合的主题区域活动。孩子们在活动中，玩"真"游戏：无论从"服务员"接待，到"客人"选茶点餐，还是从"茶艺师"泡茶，到"客人"结账离开，每一环节力求贴近现实，充分结合并利用了幼儿的生活经验，让游戏更"真"更有趣，幼儿参与起来更富有积极性；孩子们在游戏中掌握了知识：无论是乐曲感受、茶艺知识，还是礼貌用语、文明礼仪，或是使用钱币，幼儿都在游戏过程中得到巩固和强化，将间接经验转换为更为深刻有意义的直接经验，并从中探索出不同经验相互碰撞所产生的矛盾的解决方法。

在整个活动中，幼儿参与积极性较高，能够按照规则参与游戏，活动目标基本实现。针对活动过程中观察到的问题，为了进一步提高每个幼儿参与度，现做如下补充。

1．"客人"选茶时，"服务员"根据每种茶叶的颜色、味道、功效，向"客人"介绍茶叶。声音自然、语音标准、语言清晰流畅。

2．"客人"品茶结束后，增加对相应"服务员"的评价环节，并说明理由。"客人"事情较少，注意力容易分散，此环节能够保证扮演"客人"的幼儿注意对"服务员"各项服务的观察，并结合语言目标，增加此部分幼儿的参与度。

活动五 微笑果站

园所：博雅香港城幼儿园　　班级：中班　　实施教师：杨懿　　指导教师：叶礼娜

所属板块：生活体验

活动目标

1. 使幼儿能够根据水果的特征，锻炼洗、切、放等与水果相关的生活技能，促进动作发展。
2. 使幼儿在活动过程中，培养社会交往能力、语言表达能力、人际沟通能力。
3. 使幼儿体验活动的乐趣，促进积极情感的发生、发展。

观察与支持策略

观察：岗位竞聘对幼儿有一定难度，导致这一环节实施"形式化"。

支持：提前发布竞聘信息，并说明竞聘条件和规则。

＞ 活动名称：微笑果站

活动准备

1. 物品准备：各种水果，洗菜盆，蛋糕盘，蛋糕刀，一次性叉子。
2. 场地准备：教室，多功能大厅。
3. 人员准备：3名老师。
4. 经验准备：幼儿对常见水果的认识以及生活经验储备。

活动过程

玩法一：小小竞聘会

1. 发布招聘信息。
2. 介绍工作岗位。

"店长"一名：负责调配货物、安排工作、处理顾客提出的问题及收银。

"榨汁师"两名：负责切水果并进行榨汁、装杯。

"拼盘师"两名：负责切水果并进行创意拼盘。

"沙拉师"两名：负责将水果切成小丁后装盘并挤上沙拉。

"服务员"三名：负责接待顾客并介绍店内产品，点餐、分餐、送餐。

3. 幼儿竞聘工作岗位并上岗操作。
4. 经理总结并宣布结果。

玩法二：试营业

1. 试营业前的准备工作，准备器材、水果。
2. 服务员整理桌子，门口迎宾。

观察： 做水果的过程中浪费严重，表现在没有切好或者拼好就扔掉等。
支持： 引导幼儿勤俭节约，教师示范切水果的方法，如偶有切得不整齐的，可以做成果汁等。

观察： 果皮、餐盘处理不及时，秩序混乱。
支持： 引导幼儿爱护环境，设置垃圾箱，并请"店长"监督。

观察： 活动会涉及刀、盘、榨汁机等工具。
支持： 提前说明规则并提醒幼儿操作过程中学会自我保护，生活教师随旁观察以及做必要的协助。

3.店长视察材料是否到位,人员是否准备好。

4.顾客到店,服务员接待,后台操作师们尽快准备出餐。

5.店长观察员工的工作情况,调查询问顾客的反响。

6.结束一天营业,员工对物品整理归位。

观察:"小店长"总结重在讲述个人体验,其他幼儿注意力分散。

支持:邀请其他角色的幼儿分享自己的体验。

玩法三： 表彰会

1. 店长汇报今日工作表现。
2. 经理总结全体员工的表现和不足。

活动评价与反思：

《3~6岁儿童学习与发展指南》以及《幼儿园教育指导纲要》对中班幼儿的生活习惯、饮食等都有一定的要求，本次活动正是呼应这样的一些要求，意在通过这样的活动，使幼儿能够根据水果的特征，锻炼洗、切、放等与水果相关的生活技能，促进动作发展；使幼儿在活动过程中，培养社会交往能力、语言表达能力、人际沟通能力；使幼儿体验活动的乐趣，促进积极情感的发生、发展。活动形式多样，且具有连贯性，能够激发幼儿的参与度，犹如"过家家"式游戏，在这样的游戏中锻炼幼儿的综合能力。

值得反思的问题：在幼儿园游戏活动中，我们都会有一定的目标或者主要的几个目标，但这些目标绝不是"刻板的"或者是绝对的，往往在活动中是"综合的""多维的"，例如本次活动中"节约""爱护环境"等良好品质的培养值得关注，不能忽视。

活动六 玩具排排坐

园所：博雅香港城幼儿园　　班级：中班　　实施教师：罗娅　　指导教师：叶礼娜

所属板块：生活自理

活动目标

1. 使幼儿能按物品的大小、颜色、形状特征整理玩具。
2. 使幼儿体验整理的快乐，愿意自己的事情自己做。
3. 使幼儿初步了解物品分类整理的方法，养成良好的生活习惯。

观察与支持策略

观察： 分类整理玩具对中班个别幼儿（2名幼儿）显得简单或者之前已学过。

支持： 请幼儿提出自己的整理办法，并分享和操作。

活动名称：玩具排排坐

活动准备

1. 物品准备：各种区域内玩具。
2. 经验准备：幼儿已了解玩具的分类。
3. 场地准备：教室。
4. 人员准备：幼儿、教师、保育员。

活动过程

玩法一：变变变

　　将桌子排列成圆形，幼儿入座后按照玩具的形状、颜色、大小接力或整理玩具。

1. 幼儿按照玩具形状特征进行分类整理。
2. 幼儿按照玩具颜色进行分类整理。

3. 幼儿按照玩具大小进行分类整理。
4. 幼儿分小组整理教室玩具。

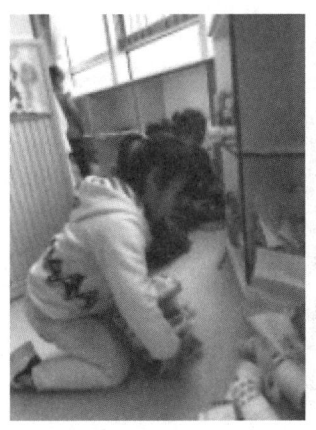 

玩法二：我的家

设计标识：玩具的家
1. 幼儿按玩具的特征设计家的标识。

观察：幼儿在以小组形式下设计标识时会因为任务分配不满意而产生分歧。
支持：每组推选一名小组长，在幼儿之间出现分歧时，组长可调解或分配任务。

观察： 设计标识这个环节幼儿的兴趣很浓，部分幼儿反应需要更长的时间。

支持： 可延长3至5分钟的时间或者作为活动延展，请幼儿在家里开展设计实验。

2. 贴标识：幼儿分组将设计的标识贴在玩具架上。

3. 参观介绍：每一组的小朋友分别介绍自己的设计。

活动评价与反思：

整理玩具是生活中必备的一项技能，从幼儿开始使用玩具就应该逐渐有意识地养成整理玩具的习惯，从最初的玩具收集、无特征归类到有特征归类。到了中班，应该有更高的要求，从归类整理到归类设计，在活动中，让幼儿既能"动手"锻炼整理操作的能力，又能"动脑"设计线索标识，体会活动中的乐趣，养成自觉自愿整理物品的好习惯。

需要反思的是在设计标识和贴标识的环节中，老师重在设计和贴，但是在贴的过程中引导不够，导致幼儿有贴错或乱贴的现象，就会走向另一个误区——为了贴而贴，应注意引导"秩序感"，与本活动的目标保持一致。

活动七 小猪佩奇理发店

园所：钢城幼儿园　　班级：小班　　实施教师：张耀文　　指导教师：张英

> 活动名称：小猪佩奇理发店

🏷 活动准备

1. 活动准备：吹风机、剪刀、娃娃模型、镜子、卷发棒、夹板、洗发水、毛巾、围布、假发、橡皮筋、洗发水瓶、发型书、评分表、彩带（直发）皱纹纸（卷发）、固体胶。
2. 经验准备：基本了解理发店以及相应角色分工。
3. 场地准备：游戏区的场地。
4. 人员准备：2名教师、1名保育员。

📖 活动过程

玩法一：小小发型设计师

1. 幼儿自主选择，为男模特或女模特设计发型。
2. 女模特：使用夹板拉直发，卷发棒或塑料卷发筒制作卷发。
3. 男模特：用彩带贴直发，在皱纹贴上制作卷发。
4. 幼儿为自己设计的发型命名。

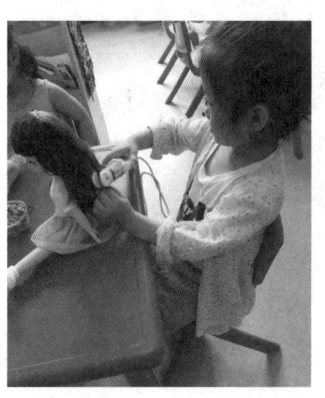

所属板块：生活体验

📍 活动目标

1. 使幼儿在操作的过程中感知头发的颜色、形状等，初步了解头发护理的相关知识和基本技能。
2. 使幼儿通过角色扮演，锻炼一定的社会交往能力。
3. 使幼儿体验不同角色带来的乐趣，提升审美力。

🔍 观察与支持策略

观察： 幼儿进入理发店的时候，对老师产生强烈的依赖。
支持： 引导幼儿仔细观察区角前用图画制作的温馨提示，通过观察认识不同的角色以及对应的工具。

观察： 幼儿在给男、女模特设计头发时，因模特有限，很多孩子偏爱为女模特设计头发，偶有争抢。
支持： 讲清规则，排队进行，适当增加女模特。

"生活体验" + 游戏化课程

玩法二：小小洗头师

1. 幼儿自主选择洗头师与顾客的角色。
2. 洗头师提示顾客坐在椅子上，仰头。
3. 冲湿头发。
4. 倒洗发水。
5. 涂抹洗发水和冲洗。
6. 取下毛巾，为顾客擦头发。

观察： 幼儿在为客人洗头时，用力过度，客人感到很痛苦。

支持： 引导幼儿学会观察客人的面部表情，并询问客人的感受。

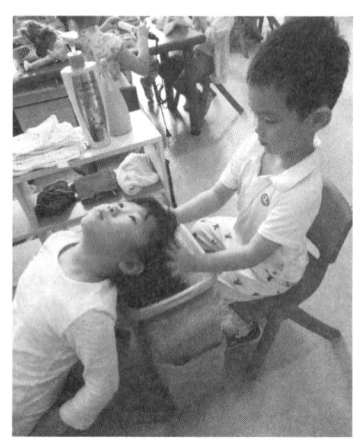

玩法三：小小按摩师

1. 按摩师向客人打招呼，介绍自己是几号按摩师。
2. 先把毛巾放在衣服上。
3. 按摩师询问客人需要按摩的部位和力度。
4. 按摩的主要部位包括头部、肩膀、手臂、背腰。

观察： 在按摩时，幼儿"发痒"嬉闹，顾客不配合，活动效果不佳。

支持： 互换位置，分享感受。

玩法四：小小理发师

1. 理发师邀请客人入座。
2. 为客人围上围布。
3. 为洗完头的客人吹干头发。
4. 出示发型模卡（客人选择），理发师根据客人选择的发型选择工具（卷发是用卷发棒，直发用夹板）。
5. 为客人取下围布。
6. 客人根据满意度在评分表上为理发师打分。
7. 送客人离店。

活动评价与反思：

"理发"是幼儿在生活中经常接触的活动，但对于小班的孩子来说，多是"顾客"式接触，自己动手操作的机会并不多，而这个阶段的幼儿往往又会对相关的活动产生浓厚的兴趣，因此，在幼儿园这个场所里为幼儿提供这样一种活动形式，使幼儿在操作的过程中，感知与头发相关的颜色、形状等概念。初步了解头发护理的相关知识和基本技能，使幼儿通过角色扮演，锻炼一定的社会交往能力。使幼儿体验不同角色带来的乐趣，提升审美力。其中，技能只是目标之一，更加重要的是让幼儿在这个过程体验快乐、锻炼语言沟通能力，甚至是学会"移情"式换位思考。

值得反思的几个地方：一是围布是一次性塑料桌布，不环保；二是在游戏中，如何处理教师与幼儿在活动中的"参与权重"，小班的孩子比较依赖教师，但教师不能替代孩子的角色，而是引导或者是提供必要的、必须的及必需的帮助。

活动八 奇妙的扣子世界

园所：博雅香港城幼儿园　　班级：小班　　实施教师：余娇娇　　指导教师：叶礼娜

所属板块：生活自理

活动目标

1. 使幼儿能够认识不同类型的扣子，会正确扣纽扣，具备一定的与扣子相关的生活技能。
2. 使幼儿通过选、拿、扣、捏等，锻炼幼儿手眼调能力以及手指小肌肉动作的发展。
3. 使幼儿在活动中，体验乐趣，促进积极情绪的发生发展。

> 活动名称：奇妙的扣子世界

活动准备

1. 物品准备：不同类型的扣子、模板若干（如小鱼模板、大树模板、小汽车模板等）、剪好的带扣眼的各种图案、幼儿人手一个布娃娃、白纸、水彩笔、剪刀。
2. 场地准备：教室。
3. 人员准备：3名老师。

活动过程

玩法一：寻找扣子精灵

1. 寻找扣子精灵。

2. 幼儿自由探索玩扣子。

玩法二：我给扣子找朋友

1. 幼儿自由选择不同的东西给扣子配对（如小鱼、大树、小汽车等）。

2. 纽扣排一排（利用颜色、特征、大小）。

🔍 观察与支持策略

观察： 幼儿在自由选择扣子进行配对的时候，有的小朋友选择了大的扣子去扣小的扣眼，有的小朋友选择了很小的扣子去扣较大的扣眼，还有的小朋友在发现一直扣不上过后就放弃所选择的材料了。

支持： 当发现幼儿选择的扣子与扣眼不符合的时候，引导幼儿将所选择的扣子与扣眼一一比较，选择合适的扣子。

玩法三：我帮宝宝扣扣子

幼儿根据老师提供的娃娃，给娃娃扣扣子。

玩法四：我设计的纽扣

幼儿设计不同的纽扣。

观察： 设计纽扣对小班的孩子较困难。

支持： 提供不同的扣子，幼儿可以先模仿。

活动评价与反思：

《3~6岁儿童学习与发展指南》指出，小班幼儿应掌握基本的生活自理方法，如穿、脱衣服以及洗手、洗脸等。本次活动利用带小朋友参观扣子世界引起小朋友们的兴趣，在带领小朋友们参观的过程中完成一系列的任务。通过老师有目的的引导，小朋友们进行了递进式的操作：认识→观察→自由练习扣扣子→独立完成扣扣子→设计属于自己的扣子，整个活动过程中，幼儿的兴趣浓厚，使幼儿能够认识不同类型的扣子，会正确扣纽扣，具备一定的与扣子相关的生活技能；使幼儿通过选、拿、扣、捏等，锻炼幼儿手眼协调能力以及促进手指肌肉动作的发展；使幼儿在活动中，体验乐趣，促进积极情感的发生、发展。

值得反思的是作为教师，更多的是关注活动的过程，尤其是孩子在过程中所表现出来的或超越设定目标以外的亮点。例如在本次活动中，我惊喜的是小朋友们的想象力，涵涵在扣纽扣树的时候把小汽车的"轮子"扣在了大树上。浩浩看见了笑着说："你怎么把轮胎放到树上去了？"涵涵喊道："不对不对，这是甜甜圈。"又有小朋友说："不是，这是树的果子。"相同的东西在不同的孩子眼里就是不同的世界，只要我们肯给孩子时间去观察、去探索，他就可以给你一个全新的世界。

活动九 欢乐电影院

园所：钢城实验幼儿园　　　班级：中班　　实施教师：张爽、杨红艳　　指导教师：张英

所属板块：生活体验

活动目标

1. 使幼儿能够学会生活中观影的基本礼仪，养成文明观影的习惯。
2. 使幼儿通过角色扮演，锻炼语言表达、人际交往能力。
3. 使幼儿在活动体验中，发生发展积极的情绪情感。

观察与支持策略

观察： 在游戏活动环节中扮演售票员的幼儿和购票的幼儿对于整十的加减不熟练，导致在找零钱时出现误差。

支持： 活动后加强整十的加减，以及十以内的加减计算游戏活动。

> 活动名称：欢乐电影院

活动准备

1. 经验准备：幼儿有观看过电影的经历；了解活动的材料和活动规则，以及活动的过程。
2. 材料准备：自制胶片故事若干、爆米花、饮料；自制纸币5元、10元、20元、50元、100元若干；观影券20元一张、爆米花10元一张、饮料10元一张的兑换券若干；手电筒、白板、播影支架。
3. 场地准备：美工室区域角的创设和材料的配备。
4. 人员准备：教师2名。

活动过程

玩法一 角色分配

幼儿进入活动区，自主选择角色并进行角色的分配：一名幼儿选择扮演售票员，一名选择扮演爆米花、饮料兑换员，一名幼儿扮演检票员检票并提醒观影幼儿对号入座，一名幼儿选择扮演播影员，其他幼儿扮演观影的观众。

玩法二 购票

幼儿在活动前先领取100元或50元游戏币，活动开始幼儿有序自主排队购票，在购票的过程中如幼儿游戏币没有用完，售票员应找零或者购票幼儿提醒售票员找零。如幼儿选择购买了饮料、爆米花，则凭券在兑换处领取相应商品。

观察: 在兑换商品(爆米花、饮料)后,幼儿既要拿饮料和爆米花,还要拿电影票和游戏币,无法检票,影响秩序。

支持: 在商品兑换处提供环保纸袋,幼儿在游戏时可以把爆米花和饮料放在袋子里。引导幼儿思考为什么无法检票,做好自己的安排。

玩法三 检票

购票后到放映厅门口检票入场,检票员根据票面座位号,提醒幼儿自行寻找座位,并督促其他幼儿有序入场。如遇本场次正在放映或本场次观影人数已满,检票员需要提醒下一场次的观影幼儿在等候区等候。

观察: 在故事放映中,放映员在投影的时候光源没有完全投在胶片上,导致画面没有投出来或不清晰。

支持: 组织所有幼儿观看老师的步骤和细节,让每个幼儿都亲自操作,直到所有幼儿都会使用电筒光源投影。

"生活体验" + 游戏化课程

玩法四 观影

影片放映前，放映员需提醒幼儿电影马上播出，请保持安静。放映开始，放映员将编好顺序的透明胶片故事图，挂在放映架上，用手电筒照射投影在白板上，再根据图片讲述故事。放映中，放映员根据故事情节自行更换胶片，观影幼儿可以吃爆米花、喝饮料。放映结束后，放映员要提醒观影结束，请幼儿有序离场，并带好随身物品。

活动评价与反思：

观影是幼儿在生活中经常会接触到的活动，而观影是一种群体性活动，应该了解基本的观影礼仪，做到文明观影。将这样的主题纳入幼儿园活动中有其必要性和重要性，幼儿对这样的活动也非常感兴趣，参与度极高。在活动中，使幼儿能够学会生活中观影的基本礼仪，养成文明观影的习惯。使幼儿通过角色扮演，锻炼语言表达能力、人际交往能力；使幼儿在活动体验中，发生、发展积极的情感，这样的效果远非"说教式"传达所能及，值得提倡。

值得反思的地方：在放映员角色扮演者的选择上，只有一两个幼儿选择，活动后老师也在询问幼儿原因，答案是不会讲故事，让老师很诧异，讲故事本是幼儿园常有的活动，甚至在入园前，家庭教育已经开展，我们需要反思的是到底是不会讲还是不敢讲，不会讲则反思我们的保教策略，不敢讲则要反思我们对幼儿综合素养的关注，反思我们的培养目标。

活动十 磨坊

园所：钢城实验幼儿园　　班级：中班　　实施教师：唐鹰、易哲丹　　指导教师：张英

> 活动名称：磨坊

活动准备

1. 经验准备：游戏前组织幼儿观看用传统石磨制作豆浆的视频，了解如何使用石磨；幼儿已经具备使用电炉的经验。

2. 物品准备：石磨3个，电炉1个，豆浆过滤架1个，小盆若干，土碗若干，大小号木勺若干，木桶5个，其中3个木桶用来洗碗，并标注"一清""二洗""三消毒"。第4个用来盛放过滤好的豆浆，第5个用来盛放泡好的黄豆。还要准备适量的白糖和泡好的黄豆（教师在游戏前一天让幼儿学习浸泡黄豆）。

3. 场景准备：教师将区域角布置成传统磨坊的样子，贴出手绘的制作豆浆的步骤图。

4. 人员准备：3名教师。

活动过程

玩法一　角色分配

幼儿进入活动区，自主选择想要扮演的角色。

玩法二　取豆

摆放石磨和小盆，用大号的木勺和盆子盛取泡好的黄豆。

所属板块：生活体验

活动目标

1. 使幼儿了解用传统方式制作豆浆的过程，能按照正确的步骤尝试合作制作豆浆。
2. 使幼儿能积极探索石磨的使用方法，培养初步的观察和分析思考的能力。
3. 使幼儿能愉快地参与体验活动，愿意与同伴一起分享自己的劳动成果。

观察与支持策略

观察： 在刚开始体验推石磨的时候，出现了幼儿推不动的情况。

支持： 提醒幼儿按照逆时针的方向推动，顺利推动。

"生活体验" + 游戏化课程　33

观察： 幼儿转了很多圈，仍不见豆浆流下来，磨眼里面残留着很多黄豆。
支持： 引导幼儿尝试往石磨加水，豆浆顺利流出。

玩法三 磨豆

在石磨前坐下，用木勺把黄豆一勺一勺舀进磨眼，推动磨扇。

玩法四 过滤

把磨好的豆浆倒进过滤纱布进行过滤。

玩法五 煮豆浆

把豆浆舀进砂锅，操作电炉，把豆浆烧开。

玩法六 调豆浆

把豆浆盛到土碗里，每个碗中都加入一勺白糖，然后搅拌均匀。

玩法七 分享豆浆

一起品尝豆浆，分享劳动的喜悦。

观察： 烧豆浆一段时间后，砂锅里的豆浆一直没有冒泡，幼儿有点着急。
支持： 让幼儿回忆在游戏前老师是怎样教大家用电炉把水烧开的，想想电炉的按钮还有什么功能。在老师的提醒下，幼儿把电炉的温度调高，豆浆很快就烧开了。

观察： 烧豆浆的时候，幼儿闻到一股怪怪的味道，原来是煮豆浆的时候忘记搅拌了，豆浆被烧糊了。
支持： 提醒幼儿要一边煮一边搅拌豆浆，并鼓励幼儿再次操作。

活动评价与反思：

生活体验一方面关注"生活"，即幼儿相关生活基础的知识、技能、习惯的获得，另一方面更要关注"体验"，即幼儿在活动中积极情绪、兴趣爱好、人际交往、沟通合作、文明传承的体验和获得。用石磨磨豆浆是一种传统的豆浆制作方式，对于现在的孩子来说，所见不多，更谈不上操作、体验，这样的活动能够极大地激发幼儿的兴趣，幼儿在游戏中表现得很愉悦，也很乐意去扮演自己选择的角色，能较好遵守游戏的规则，在游戏中遇到问题时也能在老师的提醒下通过自己的观察和思考，不断尝试，最后解决问题，从而达到预设目标：使幼儿了解用传统方式制作豆浆的过程，能按照正确的步骤尝试合作制作豆浆；使幼儿能积极探索石磨的使用方法，培养初步的观察和分析问题的能力；使幼儿能愉快地参与体验活动，愿意与同伴一起分享自己的劳动成果。

值得反思的地方：作为教师，要更多关注活动的过程，尤其是孩子在过程中所表现出来的或超越设定目标以外的亮点，只要我们肯给孩子时间去观察、去探索，他就可以给你一个全新的世界。

"益智" + 游戏化课程

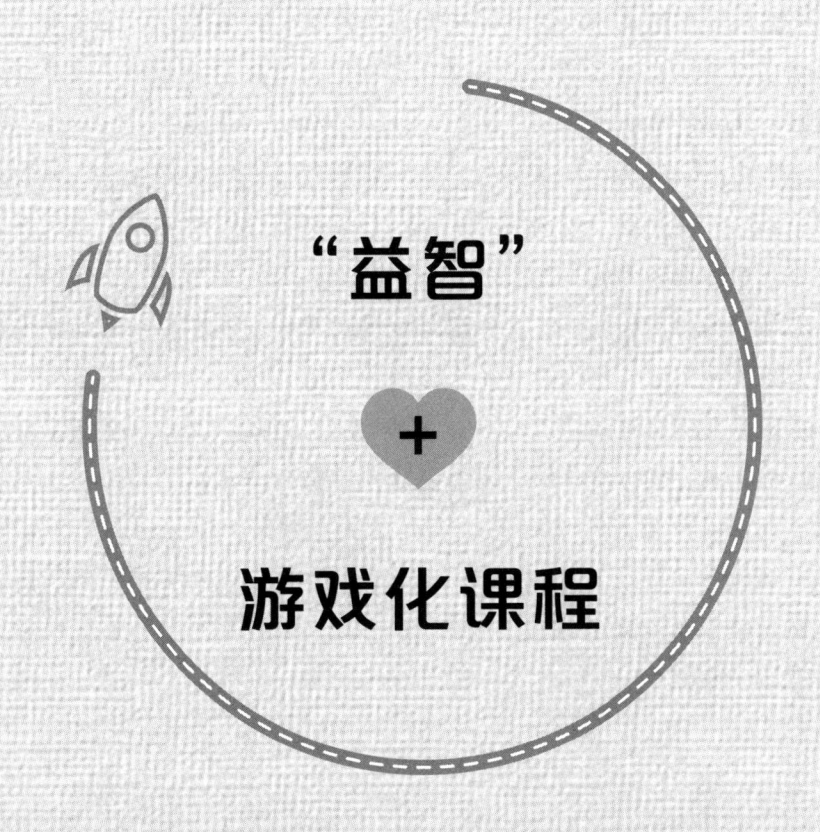

英国皇家科学院研究发现，经常玩益智游戏的人，比不玩的人平均智商高出11分左右，大脑开放性思维能力较强；美国医学专家也发现，50岁以前开始玩成人益智游戏的人老年痴呆的发病率只有普通人群的32%，而从小就玩益智游戏的人发病率不到普通人群发病率的1%。不同的益智游戏是辅助孩子认识世界的有效工具，帮助他们配合身上各种感官的反应，来接触和认知新奇的事物。

此外，益智游戏还具有协调身体机能的作用，例如儿童将一盒积木砌出图形，除了要用脑，还要有手的配合，这样通过益智游戏，训练并逐渐建立起儿童的手脚协调、手眼配合等身体机能；具有练习社交活动的作用，儿童在跟他们的同伴或父母玩益智游戏的过程中，能在不知不觉中发展他们的社会关系，即使他们在合作或竞争中容易产生执拗和争吵，实际上他们正在发展合作精神和学习与人分享的心理，为日后融入社会打下基础。同时，语言能力、情绪释放、动手能力等都得到一定程度的提高。儿童时期人生的基础阶段是儿童时代，从出生一直到青少年时期都处于不断生长发育的过程中。其生理特征与成人不同，在不同时期也差异很大。设计不同的益智类游戏要根据实际情况并考虑儿童的智力发育及体能发展的程度。

活动一 水果争"5"

园所：大渡口幼儿园 班级：大班 实施教师：欧莉娅、张婷 指导教师：范晓丽

> **活动名称：水果争"5"**

🏷 活动准备

1. 物品准备：桌子两张、篮子四个、水果扑克牌若干、桌铃一个、计分板一个、笑脸贴纸若干。
2. 经验准备：掌握"5"以内的分合。
3. 场地准备：益智区。
4. 人员准备：2名教师，1位保育员。

📖 活动过程

玩法一：水果多多（哪种水果最多）

1. 教师带领幼儿到游戏区。
2. 四个小朋友站到游戏桌前准备。
3. 翻开水果扑克牌，观察哪一种水果最多。
4. 按铃抢答，说出哪种水果最多？有几个。
5. 如果抢答正确，在计分板上给自己贴上一个笑脸娃娃。
6. 得到5个笑脸娃娃为第一名。

所属板块：益智游戏

📍 活动目标

1. 熟悉掌握5的组成与分解，并能用语言清楚表述。
2. 清楚游戏规则，按规则进行游戏活动并反思游戏过程和结果。

🔍 观察与支持策略

观察：

小朋友观察水果扑克牌后发现有草莓、葡萄、西瓜、香蕉四种水果，每张水果扑克牌水果数量不一样。

支持：

师："你们想怎么玩？"幼："比一比同种水果看谁最多。"

观察：

一些小朋友边按边想，其他的小朋友认为这样做不公平。

支持：

引导小朋友讨论，要求按铃后马上说出答案。

"益智" + 游戏化课程 39

观察：
在按铃抢答的时候，一些小朋友一直不敢按铃抢答。
支持：
引导小朋友先看颜色黄、红、紫、绿，什么最多再判断是几个。

观察：
小朋友不能同时翻开水果扑克牌，有的翻得慢，有的翻得快，有的翻开时遮住了自己的牌，其他的小朋友看不见，游戏不能继续开展。
支持：
师："那有什么方法可以让大家同时翻开扑克牌？"小朋友共同制定游戏规则，一起数到三后翻开水果扑克牌。

观察：
出现两种水果同样多的情况，第一个抢答的小朋友只说到其中一种，另外一个小朋友抢答说出了另一种，怎么办？
支持：
引导小朋友讨论共同决定，两个小朋友都各加一分。

观察：
有些小朋友抢答连错两次，不够扣分怎么办？
支持：
小朋友下次抢答对后不得分，增加绿色哭脸表示扣分。

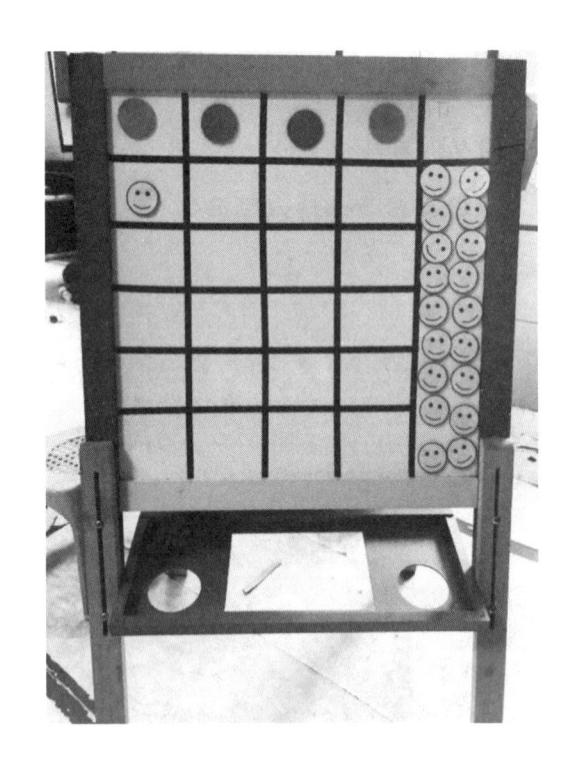

玩法二：水果争"5"

1. 教师带领幼儿到游戏区。
2. 四个小朋友站到游戏桌前准备。
3. 翻开水果扑克牌，观察哪一种水果能凑成5。
4. 按铃抢答，说出哪种水果能凑成5。
5. 抢答对后，在计分板上给自己贴上一个笑脸娃娃。
6. 最先得到5个笑脸娃娃的小朋友为第一名。

观察：
小朋友发现水果扑克牌翻开后组成5的概率少。

支持：
改变换牌机制，当牌面上没有相同的5个水果时，从有红色牌的小朋友开始换一张水果扑克牌，如果还没有出现五种相同水果，就从紫色到绿色到蓝色顺序换牌，直到相同的五种水果出现。

活动评价与反思：

大班的幼儿正处于智力开发和培养的关键时期，幼儿园应该有意识地开发一些适宜的益智游戏。"水果争'5'"将扑克牌游戏与幼儿的数学学习相结合，通过多名幼儿竞赛的方式进行游戏，可以使幼儿在快乐的游戏过程中，熟悉掌握5的组成与分解，并能用语言清楚表述。同时，该游戏还能够有效提高幼儿的反应能力和专注力。

活动二 玩转乒乓球

园所：大渡口蓝天齐爱幼儿园　班级：中班　实施教师：代林　指导教师：杨霞

所属板块：益智游戏

活动目标

1. 促进大肌肉及手指精细动作的发展。
2. 提升手眼协调能力、反应力、观察力。
3. 会比较10以内数字大小并计数。

观察与支持策略

观察：
幼儿一直捡球，不愿意与别人交换角色，违反游戏规则。

支持：
重申游戏规则，引导幼儿明白遵守游戏规则才能保证游戏顺利实施，不能因为自己喜欢某一个角色而拒绝和别人交换，要有团队合作意识。

观察：
在投球的时候，幼儿用手把篮子遮住。

支持：
提醒幼儿如果遮住篮子将会影响进球，影响自己这一组的成绩，增强幼儿的集体

> 活动名称：玩转乒乓球

活动准备

1. 物品准备：乒乓球、篮子、盒子。
2. 经验准备：认识10以内的数字，知道0~10数字的大小。
3. 场地准备：教室地面。
4. 人员准备：幼儿4~8人，教师1人。

活动过程

玩法一：鲤鱼跃龙门

1. 将7名幼儿分成两组，每组3人，同时进行比赛，另一名幼儿当裁判。
2. 把篮子放在桌子一端，其余幼儿在另一端依次排队。
3. 幼儿将球在桌子上弹一次，把球弹入篮子中，进球多者为胜利，每名幼儿有4次机会。
4. 裁判员负责点数进球数，并填写表格。（一个人完成4次发球后，前一个投球者要负责捡球，捡完球后到后面排队，依次轮换。）

将球在桌面弹起跳进小篮子

玩法二：投掷大王争霸赛

1. 将7名幼儿分成两组，每组3人，同时进行比赛，另一名幼儿当裁判。
2. 在活动室画两条线，把盒子放在B线，裁判站在盒子外，其余幼儿在A线排队。
3. 幼儿站在A线这边将球投入盒子中（如图二）。
4. 盒子不能移动，一组中所有人进球数加起来最多的组获胜。
5. 裁判员负责点计进球数，并填写表格（如图三）。
6. 幼儿投球时脚不可以超过线。

幼儿站在线外把球投进盒子中

荣誉感，为自己的小组获得好成绩而努力，是每个人应该做的。

观察：
有些幼儿，第一次球没投进，掉在手边，他把球捡起来又投了一次。
支持：
引导幼儿遵守游戏规则，做个诚实可信的孩子。

观察：
有些幼儿在发球的时候，左右移动后再投球，进球率很高。
支持：
教师请幼儿来分享他的好方法，让其他幼儿跟着学。提示幼儿发球的时候，轻轻投，但又不能太轻，太轻球不能进，投球时我们要看前方注意瞄准。

观察：
有时候球被投进去了，又从旁边的小洞跳了出来，幼儿发生了矛盾，有的说算，有的说不能算进球。
支持：
引导幼儿重新讨论游戏规则，跳进去又出来的球到底算不算进球，举手表决。

"益智" + 游戏化课程

观察：

幼儿对游戏规则不熟悉，球都投完了，当裁判员在点球时，没投进的球还在地上，其余幼儿有的在排队，有的在看裁判，一直到裁判点完进球数没进的球还在地上，不知道下面该轮到谁了。

支持：

引导幼儿学会排队，号码牌是1号，就排在第一位，按顺序和号码牌一一对应。

裁判员去清点进球的个数并记录

观察：

发球的幼儿直接扔球，接球的幼儿接不到球。

支持：

鼓励并引导幼儿尝试用其他方法扔球。

观察：

幼儿随意发球（没按数字的大小顺序发球），接的幼儿站在原地接球，在手臂接不到的地方，他没有移动去接球。

支持：

教师引导幼儿探索其他的接球方法。

观察：

拿球比赛时，幼儿随意拿了一个球进行比赛，结果虽然接了很多球，最后还是输了。

玩法三：谁的数字大

1. 把乒乓球编上数字（1~8，共两组球）。

2. 请2名幼儿接球，2名幼儿快速发球，1名幼儿当裁判（3人/组，发球与接球的人为一组）。

3. 2名幼儿用篮子接球。最多的一名幼儿，先把球拿出来放进透明瓶子里，另一名幼儿再拿出来进行比赛，球上数字之和最大者为胜利（发球的人要按从小到大，或从大到小的顺序发球）。

4 裁判员负责点数，并填写表格。

幼儿在进行第一轮比赛

支持：

引导幼儿思考比大小的技巧，比如先观察自己所接的球中，数字最大的是几，第一轮拿最大的数与别人最大的去比，还是用最小的与别人最大的去比，后面的两轮拿大的与别人比，增加获胜的机会，游戏后作为知识延伸可给幼儿讲《田忌赛马》的故事。

活动评价与反思：

依据皮亚杰的认知发展阶段论，中班的幼儿处于前运算阶段，其思维发展依然主要以具体形象的思维为主。因此，中班幼儿的益智类游戏依然需要借助具体形象的物品。乒乓球是我国的国球，是一种世界流行的球类体育项目。该游戏将乒乓球与幼儿的数学学习相结合，既可以让幼儿熟悉和喜爱我们的国球，又可以在快乐的游戏中学习到数学知识。此外，幼儿通过弹、接乒乓球的练习和比赛，感知用力度与乒乓球弹起高低之间的关系，可以有效锻炼其手、眼、脚、躯体的协调能力、反应力和观察力。

活动三 会跳舞的喷泉

园所：大渡口蓝天齐爱幼儿园　　　班级：大班　　　实施教师：李菊芳　　　指导教师：杨霞

所属板块：益智游戏

活动目标

1. 认识彩虹的颜色并会用相关颜料调制。
2. 发展手指的大小肌肉以及精细动作的协调性。
3. 会用不同的工具制作喷泉瓶，并感受喷泉水柱的高低粗细的不同。
4. 初步了解音乐指挥家、乐手的职责，初步感知C调音阶，并感知简单的交响乐团的组合形式，增强团队合作意识。
5. 感受艺术元素与游戏的相互渗透，体验其中的美感与快乐。

观察与支持策略

观察：
幼儿拿着颜料瓶，不知道自己该站哪个位置，对彩虹的各单色排列顺序并不熟悉。

支持：
利用集中活动，请幼儿欣赏雨后彩虹，并讲解彩虹的形成，使幼儿了解并熟记彩虹

活动名称：会跳舞的喷泉

活动准备

1. 物品准备：自制瓶盖带孔的矿泉水瓶7个、2孔至5孔的瓶盖各1个、不同孔径的筛子（屉笼）2个、颜料7色（红黄蓝绿青蓝紫）、水、颜料笔1支或者7支、大直径容器（澡盆）1个、播放器1个、U盘1个、音乐（如《两只老虎》《小星星》等）、"乐手"号码牌。
2. 经验准备：颜料调色、会唱儿歌。
3. 场地准备：室内玩水区地面。
4. 人员准备：4~7名幼儿、1名教师。

活动过程

玩法一：美丽的彩虹喷泉

1. 7人/组，幼儿自主选择瓶盖有1孔的矿泉水瓶7个，有2孔的瓶盖2个，有3孔的瓶盖2个，每人选1种颜色的颜料、大直径容器（澡盆）、带孔的小屉笼2个。
2. 将矿泉水瓶灌1/2的水，用颜料笔将颜料放进瓶子里，盖好盖子摇匀后，再打开瓶盖将水瓶灌满拧紧瓶盖。
3. 幼儿以自己瓶装水的颜色按红橙黄绿青蓝紫七色依次从上到下纵向排列，双手握紧瓶身，瓶盖朝左或者朝右，瓶身横放。
4. 幼儿齐数"1，2，3"，数到"3"时一起挤颜料水。
5. 不同颜色的水柱形成了一道美丽的彩虹喷泉。
6. 颜料水挤完后，幼儿1用1孔瓶盖，幼儿2、幼

儿3将瓶盖换成2孔，幼儿4、幼儿5将瓶盖换成3孔，瓶内换上干净水，幼儿6、幼儿7将屉笼平放着，一齐用力向水底压去。

7. 比比谁的喷泉水柱更高、更粗。

8. 游戏反复进行。

将颜料瓶围成圆圈排列，一齐挤出彩虹喷泉

将屉笼向水底压下出现喷泉水柱

玩法二：喷泉交响乐团

1. 每6人一组，幼儿自主选择瓶盖带1孔至5孔的矿泉水瓶各1个，大直径容器（澡盆）1个；角色（"乐手"）佩戴的号码牌与瓶盖的孔数对应（如1号拿1孔瓶盖），指挥家1名（佩戴标牌）、筷子2根。

2. 将容器内倒满2/3的水，矿泉水瓶装满水。

3. "乐手"1~5号同时将矿泉水瓶身正放在水里，瓶盖朝上。

的单色顺序，并用彩色笔画出彩虹，要求按单色顺序涂色。

观察：
幼儿瓶盖朝下挤颜料时，将水挤到对面幼儿的脚上或自己面前的地上了。

支持：
提示幼儿将瓶盖拧紧，瓶口正下方应在澡盆内，不要太用力挤，保证水柱在澡盆上方不超出澡盆的边缘。

观察：
漂亮的单色颜料水，挤出变成彩虹后混合在一起，颜色变成褐色，幼儿嫌脏，不愿再次装进瓶子接着玩游戏。

支持：
允许幼儿离开去接干净的自来水，并说明他的离开会让游戏不流畅，游戏伙伴不会等他，鼓励幼儿克服心理障碍，接受并使用混合水，使游戏顺利进行。

观察：
幼儿对顺时针和逆时针分不清，不知道该往哪边轮唱。

支持：
"指挥家"进行统一调配，将指挥棒在澡盆上方快速画圈，从哪边开始画，就表示从哪边开始唱，让每一个"乐手"都明白。

"益智" + 游戏化课程

观察：

水柱太高或太散会落到幼儿头上或者身上，将头发、衣袖打湿。

支持：

提醒幼儿尽量将手伸直，使水瓶远离自己的身体，瓶身直立朝上不倾斜。

4. 幼儿1~幼儿5齐唱C调的音阶"do re mi fa sol"，边唱边用手挤瓶身，出现喷泉水柱。

5. 幼儿5~幼儿1的幼儿按顺时针先后顺序依次唱C调音阶"do re mi fa sol"，边唱边用手挤瓶身，出现喷泉水柱。

6. 幼儿1~幼儿5顺时针按先后顺序依次唱C调音阶"sol fa mi re do"，边唱边用手挤瓶身，出现喷泉水柱。

7. "指挥家"手拿指挥棒随机点"乐手"，1号唱"do"，2号唱"re"，依次类推，谁唱错了，谁就遭淘汰，最后剩下的为胜利者，成为下一轮指挥家，游戏反复进行。

"乐手"一齐挤瓶身形成喷泉

观察：

瓶子的颜料水挤完后瓶身已经变形，幼儿装不进多少水，水压不够大。

支持：

选用小瓶装或者较软的矿泉水瓶子，或用手指或筷子伸进瓶内挤压瓶身内壁尽量将瓶子恢复原状。

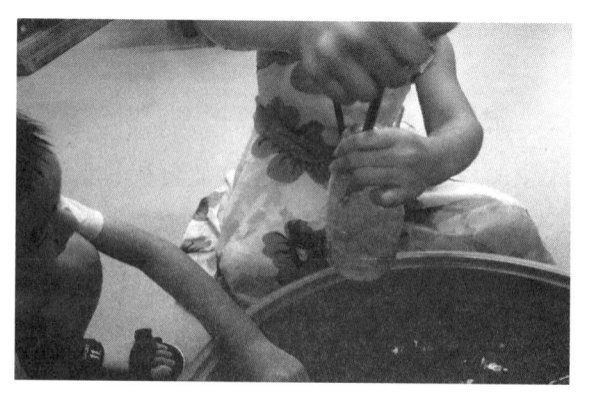

用筷子伸进瓶子挤压瓶内壁使瓶子恢复原状

玩法三：制作音乐喷泉

1. 每5人一组，幼儿自主选择瓶盖带1孔的矿泉水瓶4个，大直径容器（澡盆）、播放器1个、指挥棒（筷子2根）。

2. 将澡盆里放2/3的水，将矿泉水瓶灌满水盖好盖子。

3. "乐手"1~4号同时将矿泉水瓶身正放在水里，瓶盖朝上。

4. "乐手"1~4号围在澡盆周围，双手握紧瓶身，"指挥家"按下播放器播放儿歌（如《两只老虎》），"乐手"一起听音乐，边听边用双手挤瓶身并随着音乐的音高来控制双手挤瓶身的力度，当听到高音时就用大力挤，当听到低音时，用轻一点挤，使水出现高低不同的水柱。

4. "乐手"们一起合唱一首歌作为音乐喷泉的音乐。

5. "乐手"们边唱边用双手挤瓶身，随着音乐的音高来控制双手挤瓶身的力度使水出现高低不同的水柱。

观察：
幼儿用手挤瓶身时，没有根据音高来控制力度和水柱的高低。

支持：
利用艺术课让幼儿欣赏C调音阶"do re mi fa sol"，并学会唱音阶，用肢体（下蹲）等变化身高，来感受音高的不同，感知音高越高身高越高，喷泉水柱越高，否则相反；即音高递增，身高递增，水柱也递增，音高递减，身高递减，水柱也递减。

观察：
本来是幼儿很熟悉的歌曲进行接龙，结果不是忘记唱，就是忘记挤瓶子，动作不协调。

支持：
教师平行介入指导，以"指挥家"的角色参与游戏，多播放几次音乐，让幼儿感知音乐的节奏和音高，熟练掌握手挤瓶身的动作后，再增加难度，一起唱一首简单熟悉的儿歌，熟练掌握边唱边挤瓶身的动作后，再次提升难度，唱歌接龙，边唱边挤，使游戏流畅进行。

观察：

"乐手"之间瓶子的出水速度不一样，开始挤的时候水柱高，随着水量减少，水柱就不够高了。

支持：

引导幼儿重新讨论游戏规则，根据音量来决定挤水的力量，大声唱，就用力挤瓶身，产生高水柱；小声唱，就轻轻地挤瓶身，产生低水柱；如：当2号水量下降，水压不够时，就不唱，并自行调整瓶身重新装满水，跳过2号由3号进行接龙，保证游戏顺利进行。

6."指挥家"用"指挥棒"从1号划向4号"乐手"，"乐手"们按先后顺序依次唱歌接龙，一人唱一句，边唱边用双手挤瓶身，并根据自己唱歌的声音音高来控制双手挤瓶身的力度，从而喷出高低不同的喷泉水柱（如图五）。

"指挥家"从1号划向5号歌曲接龙

活动评价与反思：

水是液体，它那无穷无尽的形态和无数种的玩法，从本质上满足和发展了儿童内心的需求和操作中的创造性。玩水不仅是游戏，玩水还能够发展幼儿的创造力，发展感知觉，使幼儿获得情绪上的满足，增加空间关系的认知能力，练习手的协调性，促进手部肌肉发展。一般情况下，幼儿玩水的地方在户外的沙水区。但沙水区受天气、季节的影响和限制。"会跳舞的喷泉"游戏可以让幼儿在室内同样可以感受玩水的乐趣。该游戏将幼儿的玩水与艺术活动相结合，将自然材料与艺术相互融合渗透，让幼儿充分体验其中的美感和快乐。

活动四 炫酷台球

园所：大渡口蓝天齐爱幼儿园 班级：大班 实施教师：向国娟 指导教师：杨霞

> 活动名称：炫酷台球

🏷 活动准备

1. 物品准备：挖了洞的白色纸杯2个，黄色、绿色纸杯各2个，黄色、绿色珠子各2颗，带有数字的纸杯6个，玻璃珠子15颗，一颗没有数字的珠子，筷子2根、圆点即时贴和记分牌各3个，小篮子7个。

2. 经验准备：幼儿对桌球的姿势和规则有初步的了解。

3. 场地准备：桌面。

4. 人员准备：幼儿数名，教师1人。

📖 活动过程

玩法一：《球员竞技》

1. 3人/组，加工纸杯2个，筷子2根、玻璃珠6颗（3颗/人），小篮子3个、记分牌1个。

2. 幼儿自由选择当球员（2名）、记分员（1名），将材料收集到小篮子里（玻璃珠3颗）。

3. 将纸杯放在桌子的一侧，幼儿在相对的一侧（距离为桌子的宽度或长度），桌子上贴一个圆点作为玻璃珠的起点，确定玻璃珠与杯子的距离。

4. 球员人手一个小篮子装有3颗珠子，左手大拇指成虎口张开，右手拿筷子，筷子头向前放在虎口处，身体离桌子5厘米远，眼睛瞄准玻璃珠快速击打出去，没有打进的珠子记分员捡进小篮子里。

所属板块：室内益智区

📍 活动目标

1. 学会简单使用桌球的正确手势与玩法。
2. 对不同方位有所感知、学会合作，懂得遵守游戏规则。
3. 感受游戏带来的乐趣、敢于尝试。

🔍 观察与支持策略

观察：
幼儿在玩游戏时太过用力导致玻璃珠子不仅打不进杯子反而将杯子撞翻了。

支持：
引导幼儿尝试用小点力气打珠子，尽量瞄准杯口。

观察：
幼儿用右手像拿筷子吃饭的姿势来打击打玻璃珠。

支持：
教师引导幼儿做出正确手势并做示范，将筷子稍微放平一点，架在左手的虎口上。

观察：

当珠子没有打进门时，趁着对手没注意用筷子把珠子戳进杯子里面去。

支持：

引导幼儿学会遵守游戏规则，调整心态，不能着急，耐心地找寻正确的方法，从多种角度试瞄，增加进球率。

5. 记分员发出口令，球员开始游戏，进球多者为胜方，失败者与记分员互换角色，与胜方竞技，游戏循环进行。

瞄准将珠子快速打进杯子里得1分

玩法二：《颜色碰碰碰》

1. 3人/组，加工纸杯2个（蓝色和黄色），筷子2根、玻璃珠8颗（1颗绿色，1颗黄色，2颗/人），小篮子3个、记分牌1个。

2. 幼儿自由选择当球员（2名）、记分员（1名），将材料收集到小篮子里（颜色玻璃珠2颗）。

3. 将纸杯放在桌子的一侧，幼儿在相对的另一侧（距离为桌子的宽度或长度），桌子上贴一个圆点作为玻璃珠的起点，确定玻璃珠与杯子的距离。

4. 球员左手大拇指成虎口张开，右手拿筷子，筷子头向前放在虎口处，身体离桌子5厘米远，瞄准玻璃珠快速击打出去，没有打进的珠子由记分员捡到篮子里。

5. 将绿色玻璃珠打入绿色杯子里，将黄色玻璃珠打进黄色杯子里面，先打完者为胜方。

6. 两个幼儿左手大拇指成虎口张开，右手拿筷子，筷子头向前放在虎口处，瞄准后快速打出去。

7.一个幼儿当记分员,发出口令,两个幼儿开始游戏,谁按照规则把两颗玻璃珠都打进了就算赢。赢了的幼儿与记分员互换,再和没有赢的幼儿比赛,没有打进的幼儿就输了这次比赛。

将绿色珠子打进绿色杯子里

玩法三:《有趣的桌球》

1. 2人/组,如图三一样摆放。

2. 两人以猜拳的方式来决定谁开球(即用第一颗没有数字的玻璃珠去击散其他的球);如有进球,则继续打,没进球,则换对方打。

3. 幼儿瞄准无数字的球(即白球),并快速击打白球,让白球去击打有数字的球,直到有球进"球袋",记分员就加1分;没进球,则换对手打。

4. 记分员计数,进球多者为胜方。

观察:
由于每人只有4次机会,幼儿在玩的时候趁记分员没收回珠子时,悄悄捡回来重新打。

支持:
请记分员重申游戏规则,教育幼儿要做一个诚实的孩子,不能投机取巧,可以增加两颗珠子,以增加机会。

观察:
幼儿能轻松打进最近也就是直线进球的黄色杯子,而对于斜向的绿色杯子,因为难度偏大逐渐失去信心和耐心。

支持:
鼓励幼儿学会坚持,耐心地去寻找最佳角度,学会"吃一堑长一智",第一轮在这个角度没打进,下一轮就换个角度再打。

观察：
记分员职责不明确，有时翻牌时会多加分给对手。
支持：
将球员分为1号和2号，或者用两种不同颜色（如黄、红）的即时贴贴在篮子上和记分牌上进行分组，一目了然。

观察：
幼儿开球时珠子没有被打散，影响后面的进球率。
支持：
鼓励幼儿大胆尝试，开球时力度要稍微大些，将其他球打散。

观察：
幼儿打不进球就用筷子把玻璃珠赶进杯子里面，不知道打球的要点。
支持：
课外延伸亲子作业，和家长一起观看桌球比赛，仔细观察学习打桌球的手势和瞄准的角度。

观察：
幼儿将球都打进中间的两个"球袋"，导致球太多，装不下了，打不进还在坚持，浪费了很多进球的机会。
支持：
重申游戏规则，并告知幼儿每个"球袋"都可以造，引导幼儿仔细观察分散进球，打入不同的"球袋"，可以增加进球的机会。

幼儿打第一颗球将其他珠子打散

将球打散继续打其他珠子

活动评价与反思：

　　学前儿童对空间方位的知觉是建立在对周围环境和物体的"客体永久性"意识的基础之上的，儿童最早的空间意识离不开感觉运动的协调，随着动作和思维的进一步发展，学前儿童对空间方位的辨别和认识也有了进一步的发展。"炫酷台球"游戏的三种玩法均具有极强的趣味性和挑战性，幼儿在快乐游戏的过程中，可以有效提升其对空间方位的知觉。同时，幼儿在游戏过程中需要仔细观察学习打"桌球"的手势和瞄准的角度，这也可以锻炼幼儿的精细动作，提升幼儿的专注力。

活动五 弹贝壳

园所：大渡口蓝天齐爱幼儿园　班级：大班　实施教师：张愿婷　指导教师：杨霞

所属板块：益智区

活动目标

1. 了解贝壳的基本知识。
2. 了解并掌握弹贝壳的玩法与规则。
3. 培养幼儿的观察能力，逻辑思维能力和动手操作能力。

观察与支持策略

观察：
幼儿弹贝壳的时候太用力，把贝壳弹到了桌子外面，出界了。

支持：
教师使用彩色积木，挡住贝壳被弹出外界。

观察：
幼儿弹的时候，把贝壳弹翻了。

支持：
告知幼儿，贝壳弹翻过后，先暂停一下游戏，把翻了的贝壳摆好，但是弹翻了贝壳的幼儿不能再弹了。

> 活动名称：弹贝壳

活动准备

1. 物品准备：贝壳若干个，粉笔（画起点线）。
2. 经验准备：幼儿对弹有一定的动作经验。
3. 场地准备：桌子若干张。
4. 人员准备：2~10名幼儿，1名教师。

活动过程

玩法一：比比谁飞得远

1. 3人/组，两名幼儿用石头剪刀布的方法定输赢，赢的先弹贝壳，输的后弹贝壳。
2. 赢的幼儿先在起点线用大拇指和食指把贝壳从起点线弹出去，输的幼儿再用同样的方法把贝壳弹出去。
3. 幼儿3做裁判，谁弹出的贝壳距离更远，谁就获得胜利。

石头剪刀布定谁先弹

玩法二：小鸡互啄

1. 在桌上用粉笔画一个大圆圈，然后把两个贝壳放入圈中。
2. 两名幼儿用石头剪刀布的方法定输赢，赢的先弹，输的后弹。
3. 赢的幼儿选择一个贝壳，用大拇指和食指弹向对方的贝壳，如果对方的贝壳被弹出圈外，就获得胜利。如果没有将对方的贝壳弹出圈外，那么换另一个幼儿用大拇指和食指弹向对方的贝壳，如果将对方的贝壳弹出圈外获得胜利，没有弹出圈外，2名幼儿继续游戏。
4. 幼儿3做裁判，看谁获得最终的胜利。

线内互弹

观察：
有些幼儿弹贝壳时，本来是弹一下，可是他习惯性地弹两下。
支持：
引导幼儿了解游戏规则，只能弹一下，不然就算犯规，直接出局。

观察：
幼儿1在弹的时候，直接把自己的贝壳弹出了圈外。
支持：
引导幼儿熟悉游戏规则，弹贝壳的时候，力量可以小一点。

观察：
幼儿2在弹的时候，把贝壳撞向幼儿1的贝壳时，两个贝壳同时出线。
支持：
引导幼儿在弹贝壳的时候仔细观察视角，找最合适的位置弹。

玩法三：对对碰

1. 教师用粉笔在桌子的两边分别画一条起点线。
2. 一条起点线摆一个贝壳，两名幼儿同时用大拇指和食指将贝壳往桌子中间弹。
3. 两名幼儿再用石头剪刀布的方法定输赢，赢的先弹，输的后弹。
4. 赢的幼儿先用大拇指和食指将自己的贝壳弹向对方的贝壳，如果能把对方的贝壳撞出起点线外，则获得胜利。如果不能将对方的贝壳弹出线外，就由另一名幼儿用同样的方法弹贝壳，如果也没能将对方的贝壳弹出线外，游戏继续进行。
5. 教师做裁判（也可幼儿做裁判），分出最后的胜利者。

先决定谁先玩

活动评价与反思：

以往在学前儿童动作练习方面，我们更多的是关注学前儿童基本动作的训练，比如走步、跑步、跳跃、投掷、平衡、攀登和钻爬等方面。该游戏活动关注的通过幼儿"弹"贝壳的游戏来锻炼幼儿手指精细动作的练习。本次活动是根据大班的幼儿设计的，活动的难易程度由易到难，由浅入深，由贝壳这个新鲜的物品，可以有多种玩法来提高幼儿的兴趣，培养幼儿的观察能力、逻辑思维能力和动手操作能力。

活动六 好玩的气球

园所：大渡口蓝天齐爱幼儿园　　班级：托班　　实施教师：周梅、周红　　指导教师：杨霞

> **活动名称：好玩的气球**

🏷️ 活动准备

1. 物品准备：气球4~6个、澡盆1个、水。
2. 经验准备：会吹气球。
3. 场地准备：教室的地面或桌面。
4. 人员准备：4~6名幼儿、1名教师。

📖 活动过程

玩法一：气球变小鱼

1. 3人/组，气球3个（1人1个气球）、澡盆1个。
2. 将澡盆装2/3的水。
3. 将气球吹大，并放入水中。
4. 比比谁吹的气球大，在水中坚持的时间更久（如图一）。
5. 气球的气全都跑了变成"小鱼"，将气球装满水放入水中。
6. 大拇指和食指捏着气球口子，快速旋转，然后放开手，"小鱼"迅速游起来了（如图二）。
7. 比比谁的"小鱼"放手后游得更久。

所属板块：室内益智区

📍 活动目标

1. 锻炼肺活量和口部运动。
2. 发展手指的大小肌肉和精细动作。
3. 发展创造力、想象力和动手能力。
4. 培养团队合作意识和交往能力。

🔍 观察与支持策略

观察：
幼儿不会吹气球，两腮吹得鼓鼓的，气球却不见变大。

支持：
正确示范吹气球的方法，闭着嘴巴用鼻子深吸一口气，将两腮缩紧将气吹进气球，再用大拇指和食指捏住气球口，吸气吐气（吐气时将手指松开），循环进行，直到气球变大（不宜太大，避免气球爆炸）。

"益智"+游戏化课程

观察：

幼儿没有将气球里的水倒干净，气球吹不起来，还把水吸到嘴里了。

支持：

提供打气筒，示范正确使用打气筒的方法，将气球套在打气筒的口子上，左手拿着气筒的身子，右手快速上下移动活塞，准备取气球时必须将活塞打到最下面，用右手取下气球。

观察：

幼儿会吹气球，却在取气球时，拿不住，还没放入水中，气球就没气了。

支持：

让会吹气球的幼儿示范，并用右手的食指和中指夹住气球吹气，吹好后左手的大拇指紧紧捏住气球嘴，将气球拿下来，不漏气，放入水中后再放手。

将气球吹大并放入水中

将气球装满水并快速旋转

玩法二：会"打屁"的气球

1. 4~6人／组，气球4~6个，每人选择1个气球。
2. 将气球吹大。
3. 双手的大拇指和食指捏紧气球嘴，轻轻往两边扯，同时双手向左右移动（如图三），一松一紧，发出声音。
4. 比比谁"打屁"打得更久。
5. 再次将气球吹气后玩"打屁"的游戏，同时邀请一名小伙伴，将嘴巴放在前臂上吹气，发出"打屁"的声音（如图四）。
6. 比比谁"打屁"打得更久。

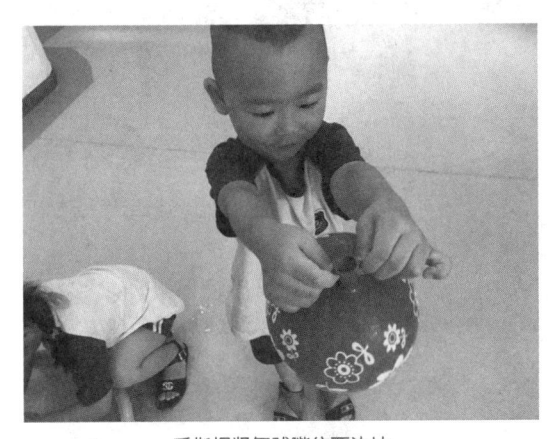

手指捏紧气球嘴往两边扯

将气球嘴朝下

观察：
幼儿手指捏着气球嘴，往两边扯，扯不动，所以"打屁"的声音并不大，反而漏气非常快。

支持：
鼓励幼儿试着将手指离气球嘴稍微远一点，气球颈部的弹性要大一些，也比较容易扯动。

观察：
幼儿喜欢将气球嘴对着同伴的耳朵"打屁"。

支持：
及时制止，并告诉幼儿这个"打屁"的声音如果靠耳朵太近，会对小朋友的耳朵造成伤害，影响听力，应该学会保护自己和同伴。

观察：
幼儿用嘴放在前臂吹气，发不出声音或者发出的声音很小，幼儿渐渐失去了信心和比赛的兴趣。

支持：
鼓励幼儿尝试轻轻地在上前臂吹气，连续呼气吸气，使气息更连贯，"打屁"时间就会增加，比赛的胜利的可能性更大。

观察：
幼儿没有看方向，将气球横着、斜着、竖着就放手，气球冲出去了，比赛没有结果。

支持：
在墙壁上贴上几条即时贴横线，分别有起点线、一级线、二级线、三级线等，根据墙面的高度和幼儿的能力大小来定级别的间距，可将1米或2米定为一个级别间距。

观察：
气球变成"火箭"飞出又变成"降落伞"落下后，幼儿分不清哪个气球是自己的了。

支持：
为幼儿提供不同颜色、不同花纹的气球，在挑选气球时，提醒幼儿仔细观察并记住自己气球的颜色和花纹，以免发生纠纷。

观察：
幼儿气球没有吹得足够大，飞得既不高，也不远。

支持：
鼓励幼儿耐住性子，不着急放飞，将气球吹得足够大"火箭"才有力量，才能飞得更高更远，比赛的胜算才会更大。

玩法三：气球变成降落伞

1. 4~6人/组，气球4~6个，每人选择1个气球。

2. 将气球吹大，左手拿着气球，右手大拇指和食指捏紧气球嘴。

3. 将气球朝上，气球嘴正对着朝下，齐数123，数到3时就放开两只手。

4. 气球像"火箭"一样冲上天，又像"降落伞"一样落下来。

5. 比比谁的"火箭"飞得高，谁的"降落伞"最后落下来。

努力将气球吹大

活动评价与反思：

　　托班幼儿的年龄大约在2岁半至3岁之间，作为早教与幼教的衔接班，存在于民办幼儿园的偏多，托班幼儿以游戏、自理能力、礼仪礼貌的培养为主要内容。够在区域性游戏化的课程中，要找到适合托班幼儿的游戏比较难，主要是幼儿的创造力、自主性、理解力不够，所以成效不容易呈现，该游戏活动用幼儿比较熟悉也是最常见最喜欢的气球作为材料，并与自然材料（水）相结合，玩水也是孩子的天性。这个游戏的设计非常适合本年龄段的幼儿，游戏操作简单，又非常有乐趣。

活动七 有趣的翻花绳

园所：大渡口蓝天齐爱幼儿园　　班级：中班　　实施教师：黄竹华、邓红　　指导教师：杨霞

所属板块：益智区

活动目标

1. 乐于动手动脑、发现和解决问题。
2. 提升细节观察力和思维力，能利用手指的灵活度翻出不同的花绳造型。
3. 发展手脑的协调能力，利用左右手的配合提高幼儿的左右脑的配合能力。
4. 体验和同伴一起合作并完成任务的快乐。

观察与支持策略

观察：
所有幼儿对用绳子拉出的降落伞兴趣很高，但是个别幼儿自己玩自己的。

支持：
引导幼儿重申游戏规则，并学会遵守游戏规则。

观察：
并不是所有幼儿都可以独立完成用花绳拉出降落伞的造型，并且有的幼儿开始出现情绪低落的情况。

> 活动名称：有趣的翻花绳

活动准备

1. 物品准备：《翻花绳规则》、一条绳子。
2. 经验准备：幼儿从生活中了解到绳子的用处，幼儿观看翻花绳的视频并模仿。
3. 场地准备：室内桌面，室外操场。
4. 人员准备：幼儿2~4人、1位教师。

活动过程

玩法一：漂亮的花绳造型

1. 每一位幼儿自由选择一条自己喜欢的颜色的绳子。
2. 根据绳子颜色的不同，将幼儿分为两组，两组幼儿进行比赛。
3. 提前教会幼儿用绳子挑出降落伞等花绳造型，用大拇指和小拇指将花绳挑起来，另一只手去拉中间的那一条线拉两次，另一只手的大拇指和小拇指从两边穿过去拉左手大拇指和小拇指两边的线，穿过左手的食指到小拇指这四根手指头，最后拉一下最底下的那根线，降落伞就做成了（如图一）。
4. 幼儿在翻花绳的时候，哪一组幼儿成功的概率最高，速度最快则那一组获胜。
5. 幼儿在裁判的指引下说出降落伞由几个三角形组成的，有几条线，除了三角形还有哪些图案。

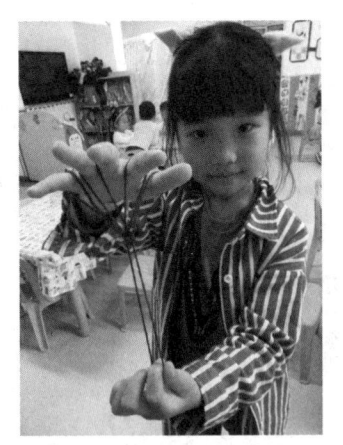

漂亮的降落伞翻好

玩法二：翻绳对对碰

1. 每两个幼儿为1组，自由组合。
2. 两人猜拳定输赢，输的人当翻花绳造型的人，赢的人来挑，然后换过来，直到无法再挑。
3. 两名幼儿根据花绳样式的难度来决定最后的输赢，花绳的样式可以根据在翻花绳的时候方向的不同来决定样式的难度。
4. 两名幼儿合作完成最后一个步骤——挑蜘蛛网，一名幼儿挑出"爬楼梯"，另一名幼儿开始编制，最后由挑出"爬楼梯"那名幼儿双手合十开始揉搓。揉搓将近一分钟过后拉开，蜘蛛网就形成了。
5. 两名幼儿在翻花绳的过程中，一边翻一边说里面有几个图形，分别有哪些图形，两边是否对称，对称的图形有哪些，裁判分别为给他们在记录表上做记录。
6. 幼儿在老师的引导下学会简单的勾挑，能用大拇指和食指在两根线交叉的地方从上往下或从下往上挑出另一个造型。

支持：
一边引导幼儿慢慢熟悉花绳降落伞的步骤，一边利用已经会了的幼儿去帮助他们，安慰出现情绪低落的小朋友，告诉他们："别急，老师慢慢教你，我们一步一步学"。

观察：
两名幼儿有时会意见不统一，发生争执。

支持：
引导幼儿要相互合作，相互帮助，这样你们才可以完成任务。

观察：
有的幼儿在翻花绳的时候，分不清从上到下或者从内到外的基本翻花绳的顺序。

支持：
邀请一个已经基本掌握了花绳顺序的幼儿，上台和教师一起表演一套翻花绳的基本顺序给其他幼儿观看。

观察：
幼儿在编织"蜘蛛网"的时候不是很清楚"爬楼梯"和编织"蜘蛛网"的顺序和过程，有的幼儿因为揉搓不够用力或者时间不够导致"蜘蛛网"不能编织成功。

支持：
引导幼儿仔细观察教师是如何"爬楼梯"的，教师告诉幼儿在揉搓时要用力并且要搓够一分钟才可以成型。

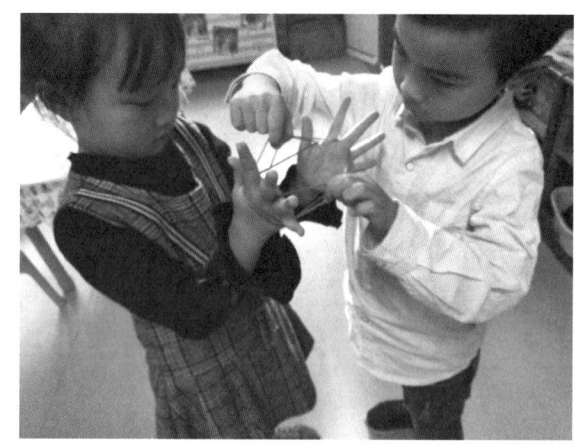

观察：
幼儿在教师表演花绳魔术时注意力不集中，导致后期在试着模仿的时候什么也不会。

支持：
提醒幼儿要仔细观察老师的魔术过程并且认真模仿。

观察：
个别幼儿在学习魔术的时候因为记不住步骤而失败，就开始发脾气并想放弃。

支持：
给幼儿讲爱迪生发明灯泡的故事，爱迪生在失败2000多次后才成功发明了灯泡，并总结出"失败乃成功之母"。只有经历了失败才会体会到成功的快乐和不容易。

两人共同合作完成

玩法三：花绳变变变

1. 教师用花绳变魔术吸引幼儿的注意力，幼儿尝试着模仿。

2. 教师展示花绳魔术的步骤，幼儿仔细观察，教师一边展示步骤一边念出口诀（123降落伞，456一棵树，789一条路）（如图三）。

3. 所有幼儿在教师的带领下学习花绳魔术的变法，在所有幼儿都学习好了以后，将幼儿分为两组进行比赛，在规定的时间内哪一组最先完成魔术表演即为胜利。

两个"降落伞"

观察：
有些幼儿为了胜利，直接将魔术的最后一步展示给教师看。

支持：
引导幼儿知道撒谎是不对的，想要胜利就应该一步一步地做好，这样公平。

活动评价与反思：

翻花绳是中国民间流传的儿童游戏。在中国不同的地域，有不同的称法，如线翻花、翻花鼓、挑绷绷、解股等等。翻绳游戏的活动，主要是依靠手指来操作。每一个造型图案，需要手指完成撑、压、挑、翻、勾、放等一些精微的动作，需要左右手配合一致，需要每根手指巧妙地分工。在这一过程中，学前儿童手指、手腕、双侧肢体的灵活性、精确性和实际操作能力，都得到不同程度的发展。许多科学家也证实，手与脑之间有着千丝万缕的联系，手指的动作越复杂、越精巧、越熟练，就越能促进脑神经的发展。

活动八 巧玩吧

园所：大渡口哆来咪幼儿园　班级：小班　实施教师：李双容　指导教师：邓敏

所属板块：益智游戏

活动目标

1. 体验手指、手腕的灵活性。
2. 感知三种颜色排序的规律。
3. 体验与同伴合作完成游戏的乐趣。

观察与支持策略

观察：

有些幼儿性格比较急躁，盲目给瓶子和瓶盖配对，成功率较低。

支持：

慢慢接近幼儿，引导幼儿观察其他做得比较好的幼儿的动作，启发该幼儿先观察瓶盖和瓶口的大小是否一致，然后再尝试盖瓶盖。

＞活动名称：巧玩吧

活动准备

1. 红色、绿色、蓝色透明塑料瓶，牛奶罐若干。
2. 经验准备：幼儿能分辨物体的大小、颜色。
3. 场地准备：宽阔的活动室。
4. 人员准备：2名教师、8名幼儿。

活动过程

游戏一：最佳搭档

1. 将幼儿分为两组。
2. 将大小不一的瓶子与瓶盖分别放入筐中。
3. 当老师喊开始后，幼儿开始把瓶盖盖在相应的瓶子上，盖好后放在筐里，做得最快且正确的一组获胜。

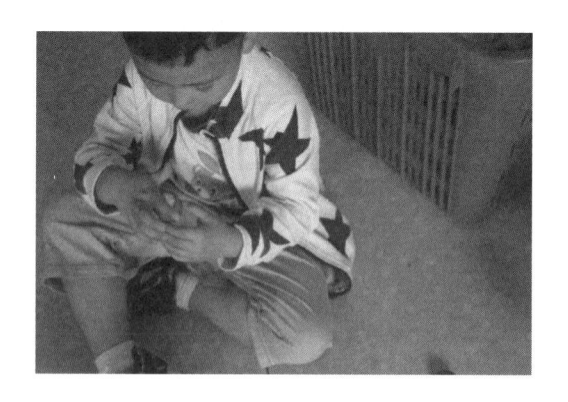

游戏二：整装齐发

1. 将幼儿分为两组。
2. 将高矮一致的红、绿、蓝色塑料瓶子随意放在一起。
3. 当老师喊"开始"后，幼儿将瓶子按颜色规律摆好，最先摆好的幼儿获胜。

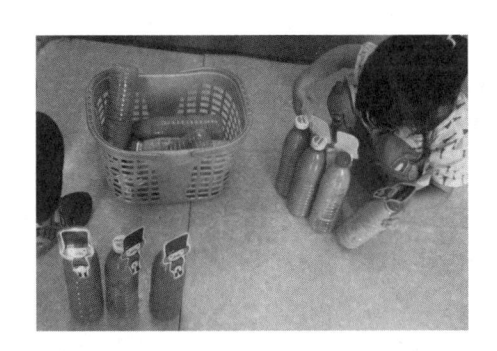

观察：
一些幼儿在游戏过程中专注于"单打独斗"，没有与同组的幼儿相互配合。
支持：
鼓励同组的幼儿相互合作和分工，可以尝试一个幼儿找同一组颜色的瓶子。

观察：
一些幼儿没有领悟到颜色排列的顺序。
支持：
教师引导幼儿仔细观察其他小组幼儿的做法，也可以为幼儿做示范，让幼儿领悟颜色排列的顺序性。

游戏三：步步乐，节节高

1. 将幼儿分为两组。
2. 将所有大小一致的牛奶罐放入框里。
3. 两名幼儿为一组合作搭牛奶罐，不限搭建的形状，牛奶罐搭得高的一组获胜。

观察：
幼儿在游戏过程中发现牛奶罐容易倾倒。
支持：
在幼儿遇到困难时，教师可以引导幼儿相互讨论搭牛奶罐的各种方式，想办法如何让牛奶罐不容易倒。

活动评价与反思：

数学教育不是为了仅仅让孩子考试取得好成绩，最重要的是让孩子在数学学习过程中，感悟到数学的意义和乐趣，解决生活中的实际问题，培养数学思维，对孩子未来的学习、生活、工作都有很重要的提升作用，这才是数学学习的真正意义所在。该游戏设计目标明确、操作简单，能够让幼儿在游戏场景学数学，最贴合幼儿学习习惯，更生活化、趣味化、儿童化，从而培养幼儿对数学的兴趣，更积极主动地探索数学。

活动九 叠叠高

园所：重庆大渡口幼儿园　班级：大班　实施教师：邓敏、秦羽　指导教师：范晓丽

所属板块：益智游戏

活动目标

1. 对活动感兴趣，在自由搭建中探索让建筑物越来越高的组合方式。
2. 乐意参与搭建活动，发展手眼协调能力、空间思维能力和平衡建构能力。
3. 能独立或合作完成游戏，活动中能自觉遵守游戏规则，收拾整理游戏材料。

观察与支持策略

观察：
游戏中有些幼儿发现椭圆形的泡沫球总是滚来滚去，搭起来特别容易倒。

支持：
教师引导幼儿观察圆形泡沫球和椭圆形泡沫球有什么区别？
幼儿：形状不同、大小不同（圆形的球小）。
教师启发：椭圆形的泡沫球比较大，放在瓶盖里容易晃动，试一试有没有什么好办法能让它变得更稳，不乱"动"？

＞活动名称：叠叠高

活动准备

1. 材料准备：不同形状、大小的亚克力透明板；圆形和椭圆形泡沫球若干；"农夫山泉"矿泉水瓶盖若干；地垫两块、计时器一个。
2. 经验准备：瓶盖和泡沫球的组合及排列方式介绍。
3. 场地准备：游戏场地。
4. 人员准备：2名教师。

活动过程

玩法一：单一形状平行垒高

1. 教师带领幼儿到游戏区。
2. 幼儿各自找一块纤维板进行自由搭建。
3. 用矿泉水瓶盖做"底座"，将泡沫圆球（椭圆球）摆放成一个平面。

4.将三角形或椭圆形的透明亚克力板放置到泡沫球上,并保持平衡。

5.按步骤一再往上添加瓶盖、泡沫球,将"三角形塔"或"椭圆形塔"搭建得更高。

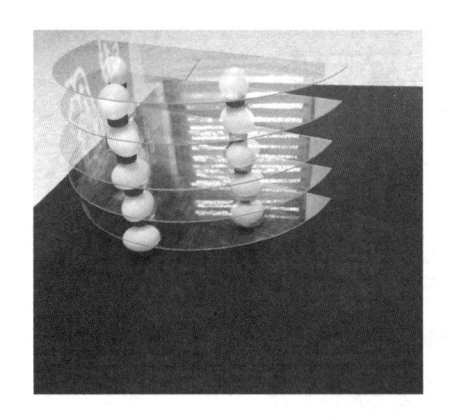

玩法二：多种形状的组合搭建

1.用矿泉水瓶盖为底座,将泡沫球平稳摆放在"底座"上,摆放好底层平面。

2.选择较大的亚克力板放置在泡沫球面上,搭建好第一个牢固的立体平面。

3.幼儿可选择不同材料的球和不同形状大小的亚克力板进行自由组合的垒高、建构。

4.幼儿自主探究和操作,让搭建物垒得更高、更稳。

经过一番尝试,幼儿发现将椭圆形泡沫球横着放,不容易"动",更稳。

观察：
搭建时,幼儿总是随意地拿一块搭一块,没注意观察板子的大小,导致下面或者中间板子小上面板子大,最后搭建物因为不能底部承重而倒塌。

支持：
引导提问：亚克力板的形状大小一样吗？怎样摆放不同大小的板子才合适？幼儿通过时间探究,发现搭建时一定要从大到小、依次往上摆放进行垒高搭建,这样才能搭的又高又稳。

观察：
幼儿争议：是只在泡沫球底部放瓶盖稳,还是在泡沫球两头都放瓶盖更稳？

支持：
教师启发：你们自己试一试,比一比,看看哪一种更稳？

玩法三：竞技比赛

1. 幼儿在规定时间（三分钟内）进行自主建构。
2. 竞赛时间结束，搭建得又高又稳者获胜。
3. 游戏结束，获胜者获得小礼物。

活动评价与反思：

  建构游戏是幼儿园内最受欢迎的创造性游戏之一。"叠叠高"的游戏材料来自生活中可见、可寻得的日常物品，相对比较环保和经济。该游戏的设计自主创意空间大，能够使幼儿从看似简单的游戏中变化、创意出无限的建构、垒高方法。该游戏能够充分发挥大班幼儿的想象力和创造力，促进他们自主探究和开拓创新精神。促进幼儿在游戏中搭建、垒高、保持物体平衡等建构技能的发展和提升。因此"叠叠高"是一款非常适合大班幼儿的"益智游戏"。

活动十 纸牌大战

园所：大渡口哆来咪幼儿园　班级：大班　实施教师：代琴静　指导教师：邓敏

> 活动名称：纸牌大战

🏷 活动准备

1. 物品准备：自制纸牌、小红花、水果卡片。
2. 经验准备：知道10以内的分解、组合，会10以内的加减法。
3. 场地准备：宽阔的活动室、桌子。
4. 人员准备：2名教师、16名幼儿。

📖 活动过程

玩法一：抽牌凑数

1. 幼儿每人5张纸牌，纸牌上有1~5个数字。
2. 幼儿2人一组，每人5张纸牌，剩下的纸牌面朝下，排开放在桌子上，幼儿猜拳决定谁先抽牌，每人只能抽一张。
3. 幼儿从自己手中拿出一张纸牌与自己抽出的牌凑成一个数字，回答正确，抽出的牌就是自己的，回答错误，自己手上就要拿出一张牌放在桌子上。
4. 最后谁手上的牌多，谁就获胜。

所属板块：益智游戏

📍 活动目标

1. 初步学会分析、概括及速算，理解加减互换、加减互逆的关系。
2. 用加减法经验解决游戏中的问题。
3. 积极参与探索数学活动，乐意讲解探索结果。

🔍 观察与支持策略

观察：

有些幼儿每次都能猜对，降低了游戏的竞争性和乐趣。

支持：

可以适当增大游戏的难度，增加幼儿的兴趣。

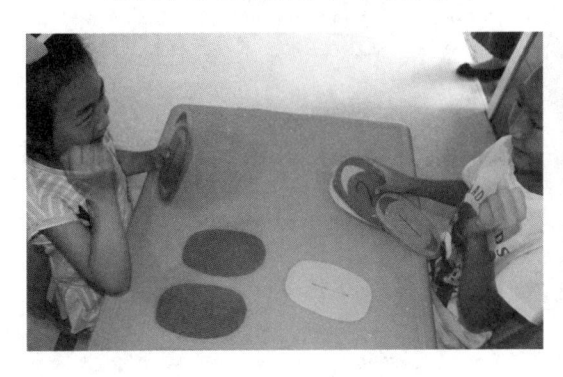

"益智" + 游戏化课程

观察：

游戏过程中会出现个别幼儿只管自己计算的速度和正确性，没有注意自己小组的同伴完成任务的情况，从而导致失败。

支持：

教师说明游戏规则，同时引导幼儿意识到只有小组内2名幼儿一起完成任务才可能取得胜利。

玩法二：坐火车

1. 幼儿2人一组，领取水果券（分别写有数字7或8），每人两张。

2. 每张水果券可以买两种水果，这两种水果合起来的价格必须是7或8，想想可以买哪两样？

3. 幼儿抽一张题卡，有两列火车，分别是第7次和第8次列车，幼儿算出后，快速站到相应的火车上（分两组进行比赛）。

4. 最先一起站到正确的火车上的小组为胜方。

玩法三：纸牌大战

1. 两名幼儿各拿1~5的5张纸牌，每次各出一张纸牌，先说出2张纸牌之和者为胜方。
2. 两名幼儿各拿1~10的10张纸牌，每次两人各出一张牌，先说出两者相减的正确的数字者为胜方，并收取纸牌，最后纸牌多者取胜。

观察：
游戏过程中可能会出现两名幼儿出牌时间不一致的情况，从而影响比赛结果。

支持：
引导幼儿自行解决该问题（比如请裁判员喊口令）。

活动评价与反思：

纸牌游戏是一种古老的游戏，也是古今中外广受欢迎的游戏种类。小小的纸牌有不同的数字、花色、图案，经过巧妙的组合与搭配，可以排列出无限可能。使用纸牌作为活动材料，一方面对于教师而言十分简便、环保，并可以反复利用；另一方面对于幼儿而言，纸牌是一种其十分熟悉和喜爱的日常游戏活动，大多数大班幼儿都具有一定的相关经验。该活动设计的亮点之一就在于将幼儿与幼儿数学学习结合了起来，教师将数学教学元素无痕地融入游戏中去，将数学教学目标隐藏在游戏目的之下，这样做更能为幼儿所接受，也更能有效地达到教学目标——锻炼孩子的动手动脑能力、数学计算能力、逻辑推理能力。

活动十一 萝卜泡泡吧

园所：大渡口幼儿园金色世纪分园　班级：中班　教师：朱晓红、周宇燕　指导教师：范晓丽

所属板块：益智游戏

活动目标

1. 通过牙签和萝卜的拼接促使幼儿小肌肉运动，锻炼幼儿手指的灵活性。
2. 通过用牙签和萝卜拼接成各种造型，让幼儿感知空间的建构。
3. 通过用牙签和萝卜拼接成的造型吹出泡泡，让幼儿感知游戏的乐趣，体会与同伴合作的快乐。

观察与支持策略

观察：
在拼接时，幼儿总是会不小心扎到自己的手。

支持：
教师介入引导：宝贝们你们看，这个萝卜粒很小，牙签很尖，怎样才不让牙签扎到手呢？（轻一点）

＞活动名称：萝卜泡泡吧

活动准备

1. 物品准备：牙签、生白萝卜（事先切成萝卜粒）、小方盒、无毒泡泡水、桌子及桌布。
2. 经验准备：插接立体图形、吹泡泡。
3. 场地准备：游戏区。
4. 人员准备：1名教师。

活动过程

玩法一：萝卜牙签连连连

1. 教师事先将牙签、萝卜、泡泡水等游戏需要用到的材料摆放在游戏区。
2. 教师带领幼儿到游戏区。
3. 讲解萝卜和牙签各自的特点。
4. 示范用牙签刺进萝卜。
5. 幼儿尝试把萝卜和牙签连起来。

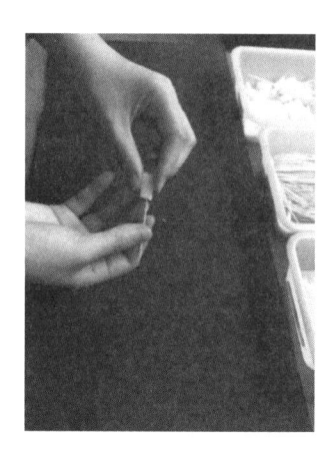

玩法二：看图拼造型

1. 出示拼接好了的立体造型图形。
2. 教师说明规则，拼接一模一样的造型。
3. 幼儿看图拼接造型。

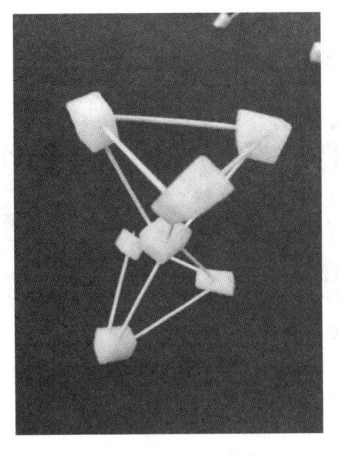

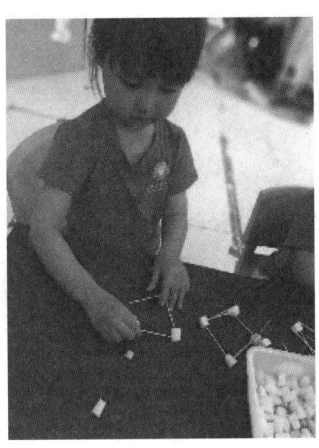

玩法三：自由拼接喜欢的造型

1. 提供足够的牙签和萝卜。
2. 教师讲解规则，让他们拼接自己喜欢的造型。
3. 幼儿自由操作。

观察：

幼儿一开始只能拼接出平面图形，立体部分不知怎么操作。

支持：

"宝贝儿们，牙签除了可以横着拼接以外还可以竖着、斜着拼哦。"

支持：

"看，这个造型像什么呀？（对，沙漏）沙漏的特点是什么呀？（中间细两头粗）怎样拼接出中间细呀？"

观察：

发现幼儿拼接以后，牙签总是掉出来，无法拼接得很稳。

支持：

"宝贝儿们，想想怎样才能让牙签不掉出来，怎样才能拼接得很稳呢？"（牙签往萝卜的中间插接）

"益智"＋游戏化课程

观察：
发现幼儿无法吹出泡泡。
支持：
宝贝儿们，怎样才能吹出泡泡呢？（这个造型应该是围和的，并且造型的一面一定要完全浸入到泡泡水里面，这样才能吹出泡泡哦）。

玩法四：吹泡泡

1. 教师讲解示范规则，将造型其中的一面浸入泡泡水里，拿起吹出泡泡。
2. 幼儿按照示范吹泡泡。

活动评价与反思：

　　幼儿园的教育是为培养德、智、体、美、劳全面发展的幼儿奠定基础的教育，培养幼儿的动手操作能力，更是幼儿教育内容中不可缺少的一部分，对幼儿全面、和谐发展具有深远的影响。"萝卜泡泡吧"的游戏设计通过牙签和萝卜的拼接提升了幼儿动手操作的能力。在整个游戏设计中，幼儿手上都有操作的东西，并且层层递进，让幼儿在游戏中不断探索，不断挑战自己，教师只是在旁边适时指点，整节活动设计都是幼儿在前，教师在后，充分体现了幼儿游戏的自主性。

活动十二 猫捉老鼠

园所：大渡口幼儿园金色世纪分园　　班级：中班　　实施教师：李琛琛、刘巧超

指导教师：范晓丽

> 活动名称：猫捉老鼠

活动准备

1. 物品准备：口径为5厘米的排水管，纸箱2个，猫和老鼠的图片，塑料小珠子，T形或者十字形水管玩具，中国节绳子，记录单。
2. 经验准备：幼儿知道两个孔之间的距离是一样的。
3. 场地准备：游戏区
4. 人员准备：2名教师，1位保育员。

活动过程

玩法一：鼠洞猜猜猜

1. 幼儿到游戏区，利用鼠洞隧道，自由搭建鼠洞。
2. 观察各个鼠洞的变化位置，检查搭建是否合理。
3. 幼儿在1~5的数字标记中，任意选择一个数字卡和相应数字的老鼠。

所属板块：益智游戏

活动目标

1. 能够找出从起点到终点的所有路径，并用自己的符号记录最短路径。
2. 理解数字对应的概念，找出正确的入口。
3. 通过游戏培养幼儿观察力和有意注意力，提高幼儿专注力，以及空间方位感知力。

观察与支持策略

观察：

在搭建鼠洞隧道的过程中，常有幼儿把隧道入口和出口方向搭错。

支持：

教师介入引导：宝贝们看看游戏箱中的猫在哪一侧，老鼠在哪一侧呢？看看鼠洞隧道的左右两侧各有什么不同，有数字的鼠洞隧道S出口，应该搭建在那一边呢？

观察：

鼠洞隧道因搭建不合理，小老鼠会被卡在隧道中。

"益智" + 游戏化课程　79

支持：

教师引导幼儿：宝贝你看小老鼠为什么在隧道里跑不出来了呢？鼠洞入口和出口能一样高吗？

观察：

幼儿在题目创设过程中没有难度，仅限于单面游戏。

支持：

宝贝们，小老鼠还可以跑得更远，可以躲在哪呢？

观察：

幼儿在用路线绳游戏时，容易打结。

支持：

教师为幼儿更换较粗一些的绳子，并在游戏中提醒幼儿注意把游戏绳整理好。

4.观察、猜测所选鼠洞的位置，并把数字卡粘贴在猜想的入口处（有"猫"一侧）。

5.幼儿将对应的"老鼠"放入预想的鼠洞内，在鼠洞出口处观察验证自己的猜测结果是否正确。

玩法二：城堡游戏

1.出示带有猫、老鼠、楼梯标记的玩具，介绍游戏。

2.幼儿根据自身情况，自行确定 A、B、C、D 不同难度等级的路线，并选择对应的城堡题卡。

3.幼儿两人一组进行游戏，由幼儿 A 创设题目后，两名幼儿根据猜想在城堡题卡中各自画出最近的路线图。

4.再由幼儿 B，利用猫捉老鼠的路线绳进行验证。

5.以楼梯数量最少者获胜。

活动评价与反思：

　　著名心理学家皮亚杰在认知发展理论中提出：幼儿是在与周围环境和事物的相互作用中获得经验、形成概念的。幼儿只有通过各种感官去感知事物，用积极的态度去探索，并踊跃地动脑思考，才能获得丰富的科学知识。"猫捉老鼠"的游戏设计非常符合皮亚杰的认知发展理论。在游戏中，幼儿通过自主观察和探究，在一次次尝试中去发现、解决游戏中出现的各种问题。从而培养了幼儿的观察力和有意注意力，提高了幼儿的专注力以及空间方位感知力。

活动十三 滚小球

园所：大渡口幼儿园金色世纪园　　班级：中班　　实施教师：申芃、徐玉莲

指导教师：范晓丽

所属板块：益智游戏

活动目标

1. 对活动感兴趣，能独立或合作完成游戏。
2. 乐意参与滚球活动，发展手眼协调能力、训练小肌肉的灵活性。
3. 能自觉遵守游戏规则，收拾整理游戏材料。

观察与支持策略

观察： 小朋友对赛道的难易度回答各异。

支持：
小朋友滚球的方法和姿势不一样，得到的结果有差异，有的小朋友从中间跑道开始滚球，老师设定了起止线引导幼儿从1号跑道开始滚球。

观察：
小朋友滚球的力度小，滚到坡道的中间就会掉下来。力度太大球会偏离到其他赛道，或者球会掉到地上。

支持：
鼓励小朋友多多尝试，并与

活动名称：滚小球

活动准备

1. 物品准备：亚克力板、毛巾、瓦楞纸、无纺布、两个斜坡木板、海洋球、篮子、笔、擦子、积分板、地垫一块。
2. 经验准备：幼儿有滚球的经验。
3. 场地准备：益智区。
4. 人员准备：2名教师，幼儿数名。

活动过程

玩法一：　几号简单几号难？

1. 幼儿拿上小球，在起止线处尝试1号赛道，看能否将球滚上1号赛道。
2. 幼儿尝试1~4号赛道的难易度，说一说哪一条赛道最容易将小球滚上去，哪一条赛道最难？

其他小朋友讨论解决方案。比如要贴着台面向上滚，最简单的1号赛道最滑，用力轻一点。阻力最大的3、4号赛道，用力重一点。

观察：
幼儿无法记录自己的分数。
支持：
引导小朋友自己制作计分板。

玩法二：小球进洞

在起止线处，将球用力抛上赛道，从赛道的顶端掉落到背后的圆桶里，看谁投得准。

玩法三：比比谁得分多

1. 每条赛道后有一个数字桶，将球滚上坡道最顶端投入数字桶里。（1号赛道1分、2号赛道2分、3号赛道3分、4号赛道4分）

2. 每人3次机会，投进数字桶后，在记录板上写下每一次投进的得分，将3次分数加起来写出最后的总分。

"益智" + 游戏化课程　83

活动评价与反思：

　　球类活动一直都是幼儿喜爱的活动之一。该游戏方案对球类活动的设计不同于传统的体育活动，而是将其与益智游戏相结合，具有一定的新意。游戏通过让幼儿在不同材质的"赛道"上滚球，引导幼儿感受不同的材质对滚球产生的不同的阻力。此外，该游戏还将数学活动与球类活动相结合。整个活动都是在幼儿探索、操作、交流、讨论中完成的，可以有效发展幼儿的手眼协调能力，训练小肌肉的灵活性。

活动十四 最强大脑

园所：大渡口哆来咪幼儿园　　班级：中班　　实施教师：刘兰　　指导教师：邓敏

> **活动名称：最强大脑**

🏷 活动准备

1. 物品准备：教师自制 KT 板拼图（图形拼图、情景拼图、箱子拼图）。
2. 经验准备：幼儿对图形熟悉的经验。
3. 场地准备：宽阔的活动室。
4. 人员准备：2 名教师、1 名保育教师、12 名幼儿。

📖 活动过程

玩法一：碎片联盟

1. 两名幼儿为一组，共分为两组。
2. 对照图片的颜色寻找图形碎片。
3. 幼儿找到碎片后把它们拼成完整的各种图形。
4. 10 分钟以后幼儿听到音乐自主交换游戏场地。

所属板块：益智游戏

📍 活动目标

1. 拼拼、讲讲，了解图形部分与整体的关系。
2. 能在与小伙伴交流与沟通中思考问题，提升观察力、耐性、记忆力。
3. 能与同伴一起做合作游戏。

🔍 观察与支持策略

观察：

幼儿在游戏过程中容易拼错图形或者颜色。

支持：

1. 教师在必要的情况下指导幼儿正确拼图。
2. 提醒幼儿仔细观察原图片。
3. 鼓励幼儿一起合作拼图。
4. 教师可以引导其中一个幼儿帮助另一个幼儿。
5. 对于拼错的幼儿，教师应及时进行指导。

"益智" + 游戏化课程

观察：

幼儿在游戏过程中容易拼错，一些幼儿缺乏合作意识。

支持：

1. 教师在一旁对拼错的幼儿进行正确指导。
2. 可以让幼儿加快速度增加拼图难度。
3. 鼓励幼儿一起合作拼图。
4. 提醒幼儿地上掉落的拼图，并及时捡起来。
5. 教师指导幼儿仔细观察图片。

观察：

游戏过程中，个别幼儿会把顺序拼错。

支持：

1. 教师注意幼儿情绪，鼓励幼儿一起合作。

玩法二：完美无缺

1. 4名幼儿为一组。
2. 对照图片寻找情景图上的一角。
3. 幼儿合作把它们拼成完整的情景图。
4. 10分钟以后幼儿听到音乐自主交换游戏场地。

玩法三：转动心跳

1. 四名幼儿为一组。
2. 一名幼儿丢图片骰子。
3. 其余幼儿寻找箱子上的图片与骰子上相对应的图片完成拼图。
4. 10分钟以后幼儿听到音乐自主交换游戏场地。

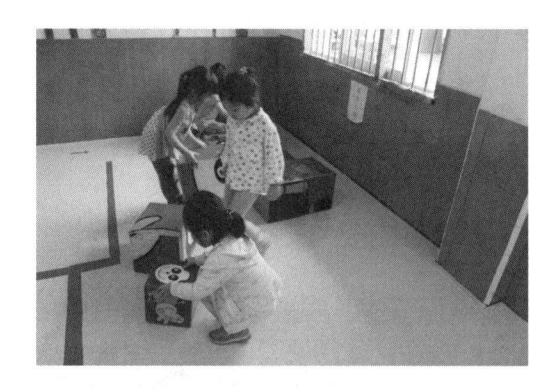

2.教师在幼儿找不到拼图的时候应做出相应的指导。
3.指导幼儿观察骰子上的原图形。
4.提醒幼儿不要超出划分的区域外，以防影响其他幼儿游戏。
5.观察不自信的幼儿，并对其做出相应的鼓励。

活动评价与反思：

《幼儿园工作规程》中指出：游戏是幼儿园的基本活动。拼图游戏是智力游戏的一种，是幼儿自选的游戏，它是将完整的图案分割成许多不规则的小块，让幼儿通过拼组，完成一幅美丽的图案，融愉悦性与教育性为一体，是幼儿非常喜爱的游戏之一。幼儿在玩拼图游戏时，要将一堆凌乱的、不规则的图片拼成一幅完整的图案，需要调动手眼的协调，需要经过大脑的思考、推理判断，将一块块图案根据图案的色彩、图形进行对比，有次序地尝试拼接。在这个过程中，幼儿的小肌肉的技能比如抓、镶嵌等也得到了锻炼。同时，幼儿的视觉空间、图像认知、顺序、秩序及逻辑、推理思考能力也得到了提高。

角色区

+

游戏化课程

角色游戏是幼儿通过扮演角色，运用想象，创造性地反映个人生活印象的一种游戏，通常都有一定的主题，如娃娃家、商店、医院等等，所以又称为主题角色游戏。角色游戏是幼儿期最典型、最有特色的一种游戏。

幼儿对社会现实生活的印象是角色游戏的源泉。角色游戏是幼儿对现实生活的一种积极主动的再现活动，游戏主题、角色、情节、材料的使用均与幼儿的社会经验有关。幼儿生活经验越丰富，角色游戏的水平就越高。

想象活动是角色游戏的支柱。角色游戏过程是创造性想象的过程。在角色游戏中，创造性想象主要表现为：一是对游戏角色的假想，即指以人代人，如扮演妈妈、老师、医生、司机等幼儿生活中熟悉的人物；二是对游戏材料的假想，即指以物代物，如幼儿常用一种物品代替另一种物品，或者一物多用；三是对情景的假想，即指情景转换，如幼儿常常通过一个或几个动作和想象，将游戏情景进行浓缩或转换。

教师在引导幼儿的角色游戏时，首先要丰富幼儿的生活经验，要有计划、有目的地组织幼儿参观成人的各种活动，他们在生活中观察得越仔细，感性认识会越丰富，在游戏中的反映才越逼真，角色游戏的水平越高。小班幼儿应该重点增强他们的角色意识；中班幼儿应重视游戏中幼儿的交往能力，例如通过角色游戏解决同伴冲突的能力；大班幼儿应重视鼓励幼儿与同伴商量确定角色分配，制定角色游戏中的规则等等。除此之外，还应促进幼儿对游戏材料的想象与使用，使幼儿能以物代物，一物多用，发展幼儿的想象能力和创造能力。

活动一 佩奇乐园

园所：重庆市大渡口幼儿园　　班级：小班　　实施教师：彭杨茜、林洁　　指导教师：周昌碧

> **活动名称：佩奇乐园**

🏷 活动准备

1. 物品准备：小动物头饰、小帐篷、地垫、仿真餐具、仿真厨具、各种仿真玩具、游戏卡、绘本、管理员标志、超轻黏土、各类作品卡片、操作板、泥塑工作、管理员标志、印章、角色服装。

2. 经验准备：了解家庭角色及家庭成员的职责；了解各个管理员的服务工作。

3. 场地准备：苏西书屋、丹尼玩具店、瑞贝卡陶吧、各个小动物的家。

4. 人员准备：2位教师，1位保育员。

📖 活动过程

玩法一：娃娃家

1. 自主选择喜欢的角色家庭，并选择扮演家庭中的人物角色（如爸爸、妈妈、哥哥、姐姐等）。

2. 明确自己家庭的主要任务，选取相应的玩具进行游戏。

3. 结合情境商量家庭角色任务。（如妈妈炒菜做饭、爸爸带着孩子出去玩、宝宝邀请好朋友到家里做客等）。

所属板块：益智游戏

📍 活动目标

1. 感受不同的家庭、职业角色，体验扮演不同的家庭、职业角色的乐趣。
2. 了解各种角色的责任分工，在游戏中能遵守约定的游戏规则，有初步的规则意识和合作意识。
3. 愿意在游戏中表达自己的想法，探究及操作游戏材料，尝试创新玩法。

🔍 观察与支持策略

观察：

在小象艾米丽的家有4位小朋友，其中有两位小女孩在争抢小象妈妈这个角色，两人一人一句争得不可开交。旁边的小象爸爸直接说，今天就让幼A做妈妈吧，争吵停止。另一位女孩说："那我就当姐姐吧！"

支持：

教师引导幼儿挑选角色进行游戏，让幼儿明白每个家庭只有一名爸爸和妈妈，其他的小朋友可以扮演其他

角色，如叔叔、阿姨、哥哥、姐姐等。引导幼儿自己商量谁来扮演谁？锻炼幼儿的语言表达力及社会交往能力。

观察：
娃娃家里，大家总喜欢玩玩具和看书，情节玩法太单一了，玩了一会儿就没兴趣了。
支持：
老师和幼儿一起开展讨论，娃娃家还可以怎么玩？引导幼儿谈论娃娃家可以进行烤烧烤、钓鱼、过生日等有趣的活动。支持幼儿在娃娃家设置相应的任务卡，每个家庭至少要完成一个任务，同时给孩子们提供了相应的玩具材料。

观察：
幼儿在"过生日"时，其中一个家庭的所有人，每人自己拿一小块蛋糕，自己进行装饰。
支持：
来到这个小家庭做客人，询问谁过生日，鼓励幼儿把块状蛋糕合在一起变大蛋糕。带着大家一起唱歌，请寿星吹蜡烛切蛋糕、分享蛋糕等。

观察：
钓鱼游戏时，有几个幼儿每人手持一根杆，自己玩自己的。低着头不出声将鱼吊起放进小桶，桶满又倒出。

"爸爸"正在给宝宝喂奶，照顾孩子；也可以由真人扮演宝宝

邀请好朋友到家里过生日

家庭任务：户外钓鱼；一家人拿着钓鱼竿垂钓

玩法二：苏西书屋

角色一：书屋接待员

1. 会用"请进""欢迎光临""再见"等礼貌用语。
2. 接待客人。
3. 提醒喧闹客人保持安静。

角色二：书柜整理员

1. 协助客人取放图书。
2. 给客人提供所需图书。
3. 随时整理书柜。

角色三：借阅登记员

1. 当客人有需要时，收取角色体验卡。
2. 归还图书时再还体验卡并盖章。

支持：

向幼儿提问："今天我们钓的鱼可以干什么呢？"回答："妈妈可以给宝宝煮鱼汤，爸爸可以给全家人做饭吃。"

观察：

在佩奇乐园全部开放后，苏西书屋的客人比较少，苏西家庭只好自己在屋里安静地看书。

支持：

教师走进苏西书屋，让幼儿去串串门，主动去看看或者问问有没有小动物家庭需要看书。提供上门推销、送货上门等服务。

进入书屋安静看书

"爸爸"借了一本书回家给宝贝讲故事

活动评价与反思：

"小猪佩奇"是幼儿非常喜欢的动画片，以此动画片为背景的角色游戏不仅能够激发小班幼儿的游戏兴趣，同时也能促进小班幼儿认知、情感和技能的发展。在游戏中，教师提供了丰富的游戏材料，让幼儿可以根据自己的兴趣选择组成不同的动物家庭，分配不同的家庭角色，明确每个人的家庭分工，这些都极大地提高了幼儿的自主性和参与度，同时还锻炼了同伴之间的语言交流能力和社会交往水平。

在游戏中，教师遵循小班幼儿喜欢独自游戏的规律，在尊重幼儿现有的发展水平基础上，围绕幼儿的已有生活经验，通过实物演练、幼儿体验、抛出问题及讨论问题的方式，引导幼儿打破游戏中"单独游戏"的社会性发展水平，让幼儿朝着"合作游戏"的水平发展。

活动二 生日派对

园所：重庆市大渡口幼儿园　班级：小班　实施教师：周方林、杨霞　指导教师：周昌碧

> 活动名称：生日派对

活动准备

1. 物品准备：生日蛋糕、礼物盒子、电话、厨房用具、相机、糕点零食、椅子桌子、日历。
2. 经验准备：熟悉平时参加派对的方式和礼仪。
3. 场地准备：有简单家庭环境布置的空地。
4. 人员准备：2位教师，1位保育员。

活动过程

玩法一：打电话邀请

1. 拿出电话簿，拨号。
2. 电话邀请，约定好时间地点。
3. 客人准备礼物，主人准备糕点零食。

所属板块：益智游戏

活动目标

1. 了解基本的派对礼仪。
2. 喜欢在游戏中交流沟通，提高语言表达能力和增强相互之间的合作能力。

观察与支持策略

观察：
孩子对于约定的时间不好把握。

支持：
给他们提供简单易懂的日历。

角色区 + 游戏化课程

玩法二：迎接客人

1. 开门迎接客人。
2. 准备糕点零食招待客人。

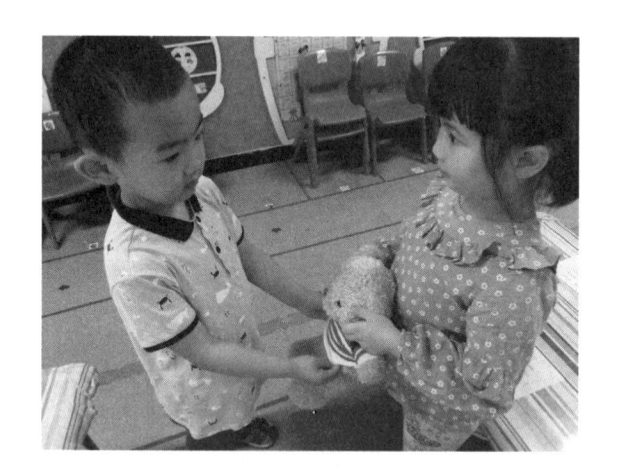

观察：

客人到来后，孩子们之间互相交流不够，大家都迫不及待想拆礼物，吹蜡烛，吃蛋糕……

支持：

老师以客人的身份去参加派对，询问幼儿"今年几岁啦，喜欢吃什么呀""这个糕点自己做的吗，真好吃，怎么做的"等问题来展开聊天内容及范围。

玩法三：庆祝生日

1. 摆好生日蛋糕，插上蜡烛。
2. 唱生日歌，许愿。
3. 送礼物，切蛋糕。
4. 拍照留念，告别回家。

活动评价与反思：

  小班幼儿有模仿成人活动的愿望，但还不能明确地把游戏的主题说出来，往往只停留在对动作的模仿上，因此需要老师利用玩具以及富有情感的语言，开启幼儿进行游戏的愿望，帮助他们明确主题。《生日派对》游戏活动符合小班幼儿的认知和社会性发展水平，考虑到了幼儿的内在需要和感受，激发了幼儿的游戏兴趣和热情。在游戏中，幼儿需要知道和遵守派对礼仪，并且用恰当的语言与同伴沟通交流，这促进了幼儿语言能力和合作能力的发展。而教师作为支持者和引导者的作用凸显，能根据儿童的需要并敏锐捕捉有益的教育契机，正确解读、适度回应、积极支持儿童的游戏行为，助推儿童在发现问题、持续探究、深入学习的过程中获得生活经验及专注、合作、坚持等良好学习品质的发展，体现出游戏对于儿童发展的独特价值。

活动三 国医馆

园所：重庆市大渡口幼儿园　　班级：中班　　实施教师：杨霞 周沁茹　　指导教师：张英

所属板块：生活体验课程

活动目标

1. 通过看、摸、闻等多种方式，探究认识不同中药的形状、颜色、气味，对中国医药有初步感知。
2. 知道医疗人员与病人沟通的技巧与常用礼貌语，能够有礼貌地接待病人，根据病人的需要提供相应的治疗，通过收费练习计算。
3. 感受中国医药的悠久历史，体验医生、护士的工作职责，丰富看病的生活经验。

观察与支持策略

观察：

挂号医生对刷卡机兴趣大，刷卡时间过长，忽略了"开挂号单"这一环节，导致挂号队伍过长，影响游戏进程。

支持：

1. 提醒幼儿缩短刷卡时间，并且正确使用刷卡机。
2. 让幼儿观看详细的"挂号"视频。

活动名称：国医馆

活动准备

1. 物品准备：工作服、医疗工具、收银机。
2. 经验准备：了解中医看病的流程以及中医的治疗方式。
3. 场地准备：教室布置成一个中医院。
4. 人员准备：2位教师，1位保育员。

活动过程

玩法一：挂号

医生：

1. 询问病人姓名、性别、年龄、挂号诊室。
2. 给病人开挂号单。

病人：

1. 用医保卡刷卡。
2. 付挂号费。
3. 根据医生开的挂号单寻找相应的问诊医生。

玩法二：看诊

医生：

1. 核对病人挂号单。
2. 通过望、闻、问、切了解病人病情。
3. 在挂号单上给出相应的治疗方式和中药，将处方还给病人。

病人：

1. 就诊。
2. 寻找相应的治疗室。

玩法三：治疗、抓药

治疗师：

1. 核对看诊医生的挂号单。
2. 对病人进行治疗（推拿、拔罐、熏艾）。

药剂师：

1. 按处方给病人抓药。
2. 正确包药。

病人：

1. 接受治疗。
2. 向治疗师反馈情况。
3. 排队抓药。
4. 离院。

观察：
有些病人不清楚看病流程，挂号后不知道接下来去哪儿。

支持：
1. 挂号单上明确病人要去的诊室。
2. 增加看病流程图。
3. 挂号医生提醒病人去相应的诊室。

观察：
医生看病时间较短，医生与病人之间互动较少。

支持：
1. 提前让幼儿获得中医看病"望闻问切"的方法。
2. 鼓励幼儿互动与交流。

观察：
病人就诊后不看挂号单，没有去挂号单上的相应诊室。

支持：

1. 让医生提醒病人该去的诊室，并且明确说出该诊室的具体治疗方式。
2. 明确告知病人问诊后要看挂号单，知道自己接下来去哪儿。

观察：

治疗时间过短，药房人手较少，导致病人在药房等待，场面混乱。

支持：

1. 规定治疗时间，丰富治疗内容，让治疗师学习治疗技能。
2. 增加药房人手。
3. 制作"排队取药"的标志，让病人遵守规则。

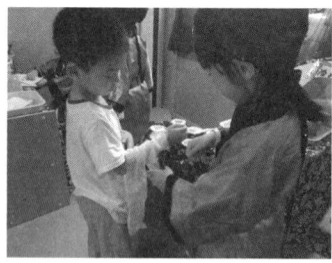

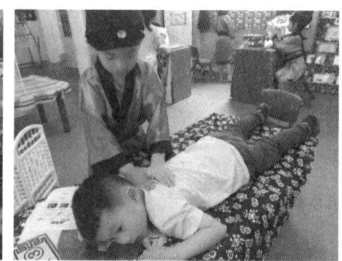

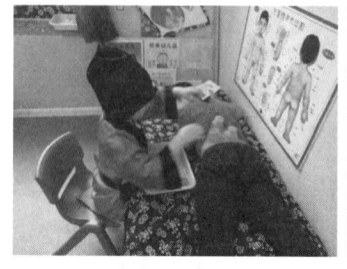

观察：

加工员一直重复同样工作，幼儿的兴趣逐渐降低。

支持：

1. 增加药草药剂任务单，让幼儿有目标地对药草药剂加工。
2. 角色交换。

玩法四：中药加工

中药加工员：

1. 用剪刀将药材剪碎。
2. 将药材放入捣钵捣碎。
3. 将捣碎的药材进行包装。

液剂医药加工员：

1. 用滴管吸取中药水。
2. 将滴管中的药水挤压在药瓶中。
3. 合上药瓶盖子。

活动评价与反思：

　　游戏是儿童最重要的学习方式，儿童通过直接感知和操作游戏材料来获取经验。游戏材料的价值在于能不能激发幼儿的兴趣和促进幼儿的发展。本次《国医馆》游戏充分体现了这两点，幼儿在游戏中通过与材料互动体验《国医馆》中不同角色的特点和职责，在增加幼儿生活经验的同时，引导和促进幼儿规则意识的发展。游戏中，教师只是一个支持者，在幼儿遇到困难时根据幼儿的需求为他们提供条件，其余时间教师只需在一边观察，相信幼儿可以把游戏玩得很好，相信他们是有能力的，并且能创造自己的新想法，这才是游戏中的以幼儿为主体。

活动四 我是小医生

园所：博雅香港城幼儿园　　班级：中班　　实施教师：谢培慧　　指导教师：叶礼娜

所属板块：生活体验课程

📍活动目标

1. 通过对表皮受伤的了解，提高幼儿防止意外伤害的意识。
2. 提高幼儿自我保护意识和简单的处理方法。
3. 培养幼儿互相关心、互相帮助的好品质。

🔍观察与支持策略

观察：
幼儿在观察过程中对某些意外伤害的处理方法还不清楚。

支持：
幼儿的生活经验不足，教师在上课前可以布置家庭小任务，简单了解生活中的意外伤害事件。

▷ 活动名称：我是小医生

🏷活动准备

1. 物品准备：意外伤害的图片、安全标识图片、医疗用品。
2. 经验准备：收集意外伤害禁止标志图。
3. 场地准备：把教室布置成医院。
4. 人员准备：2位教师，1位保育员。

📖活动过程

玩法一：小小设计师

1. 教师出示图片，幼儿讨论生活中的意外伤害。
2. 幼儿操作图片，自主分辨受到伤害后应如何应对。
3. 幼儿自主设计禁止标志。

观察：
有部分幼儿在设计禁止标志时不能独立绘出。
支持：
设计前对于意外伤害的某个事件进行清楚说明，让幼儿能够理解并自主设计。

玩法二：我是小医生

1. 教师出示准备好的受伤的布娃娃。
2. 教师引导幼儿找出受伤的布娃娃。
3. 幼儿两两合作，互相帮助，给受伤的布娃娃包扎。
4. 幼儿两两合作，互相帮助，给受伤的小朋友包扎。

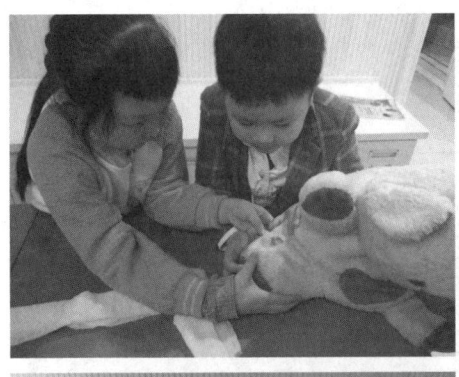

活动评价与反思：

　　《我是小医生》游戏活动符合中班幼儿的年龄特点，幼儿基本能够根据游戏主题呈现游戏细节，随着游戏情节逐渐复杂，幼儿的游戏经验得到不断积累。但是由于幼儿对于意外伤害这方面的生活经验比较欠缺，因此在游戏的过程中不能明确指出具体的意外伤害，或多或少影响了幼儿游戏的进展和游戏水平的提升。但是教师观察比较仔细，捕捉到幼儿的"最近发展区"，通过布置小任务以及引导幼儿自主讨论的方式，推进游戏的进程，不断提高幼儿的游戏水平。同时还让幼儿乐在其中，极大地提高了幼儿的游戏兴趣和热情。

活动五 急救

园所：重庆市大渡口幼儿园　　班级：小班　　实施教师：周方林、杨霞　　指导教师：周昌碧

> 活动名称：急救

活动准备

1. 物品准备：工作服、医疗工具、急救车。
2. 经验准备：了解急救的流程以及医生、护士的工作职责。
3. 场地准备：将创意长廊布置成一个医院和事故现场。
4. 人员准备：2位教师，1位保育员。

活动过程

玩法一：出诊

1. 护士接听急救电话。
2. 护士询问病人症状、所在地点。
3. 医生、护士准备急救工具。
4. 急救车出诊。

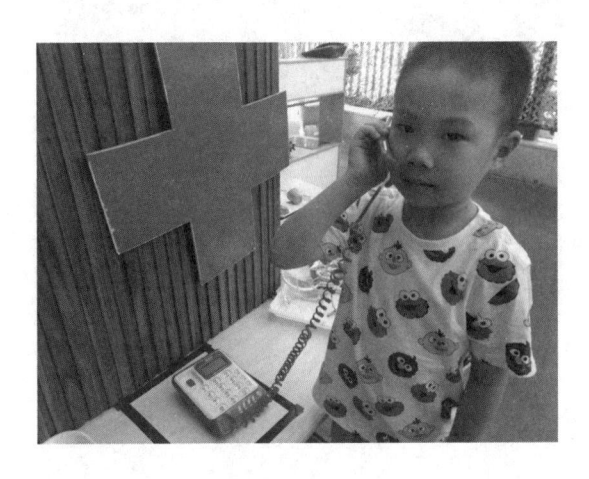

所属板块：生活体验课程

活动目标

1. 知道急救医生、护士的工作职责与急救流程，丰富现场事故急救的生活经验。
2. 体验医疗人员在急救中的沉着大胆、细心负责，初步了解急救知识，能根据病人的需要提供相应的治疗。
3. 合理分配游戏角色，感受医院急救中分工及合作的要领。

观察与支持策略

观察：
病人不能准确地描述自己的病情，在电话中也没急迫感，影响游戏体验。

支持：
1. 提前让幼儿获得与急救事故相关的知识。
2. 让幼儿观看急救视频，体验其中的紧迫感。

观察：
每个幼儿都想开急救车，引起摩擦，导致急救车不能及时出发。

角色区 + 游戏化课程

支持：
1. 设定急救车司机角色。
2. 医生、护士轮流开急救车。

观察：
急救现场混乱，医生、护士、司机挤成一团，都在为病人急救。

支持：
1. 让幼儿记住急救中医生、护士的工作职责，与合作要领要。
2. 教师角色介入，假扮医生带领护士去现场急救。

观察：
部分医生不能正确地给病人进行简单包扎、处理。

支持：
1. 让幼儿获得急救方面的知识。
2. 在环境中学习急救方法。

玩法二：现场处理

1. 医生现场评估、判断伤病情。
2. 保持病人呼吸畅通。
3. 现场进行简单处理。
4. 安全转移到急救车。

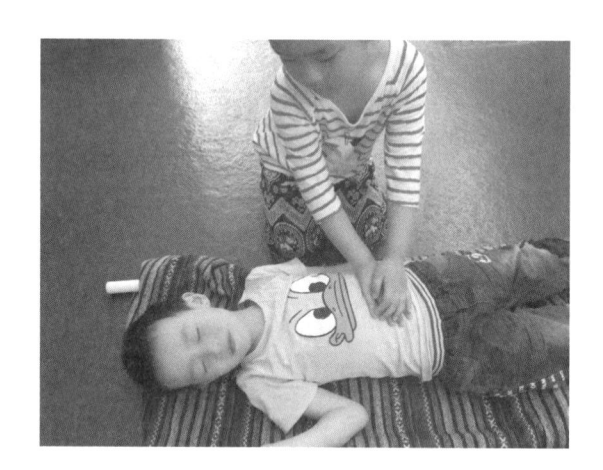

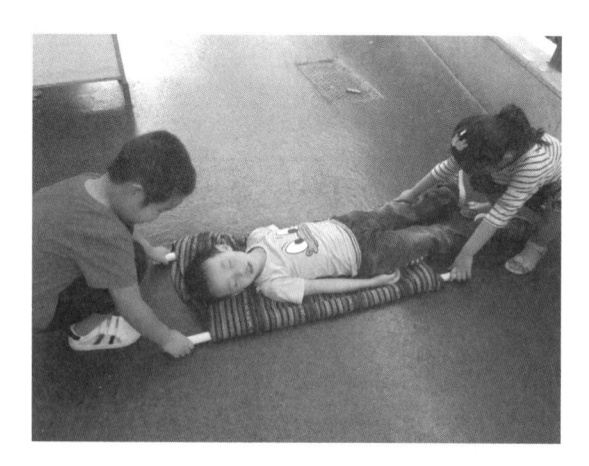

玩法三：回院抢救

1. 急救车安全送达医院。
2. 医护人员将病人转移到抢救室。
3. 医生进抢救。
4. 病人转移到普通病房。

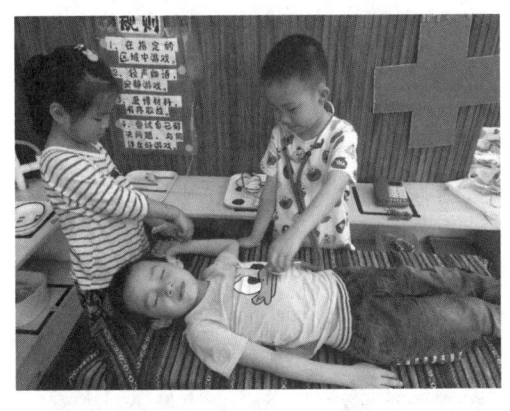

观察：
病人在游戏中显得被动，躺的时间过长，不能很好地将游戏玩完整。

支持：
1. 提前告知幼儿游戏的完整性，让幼儿坚持完成一次游戏。
2. 让医护人员在游戏中，询问病人身体状况，多与病人交流。

活动评价与反思：

　　游戏是幼儿的基本活动方式，幼儿是游戏的主体。《我是小医生》游戏活动遵循了这一原则，让幼儿在游戏中最大化体验自主性和参与性，极大地提高了幼儿的游戏兴趣和热情，幼儿在游戏中非常投入。即便教师在游戏前制定了规则，但是幼儿仍然可以在游戏中创造新的环境、新的规则、新的游戏情境。同时，幼儿的游戏要与实际生活产生联系，才能使他们的游戏是丰富的、充实的，这才是真正意义上的游戏。

　　在游戏中，教师的职责是观察与支持，当幼儿的游戏发展水平遇到障碍时，教师要及时发现，通过创设新的情境、提供新的材料支持或者抛出问题让幼儿讨论、解决等方式引导幼儿突破游戏的瓶颈，进入更高一层的游戏水平。

活动六 轩宇阁

园所：重庆市大渡口幼儿园　　班级：中班　　实施教师：李毅、刘亚玲　　指导教师：周昌碧

所属板块：生活体验课程

活动目标

1. 了解古代的厨房，知道古代食物的制作方式，学会古人的文明进餐礼仪。
2. 尝试运用团、搓、按、捏等技能制作美食，发展幼儿的动手能力，感受中国的美食文化。
3. 能选择自己喜欢的角色，体验自主游戏以及扮演厨师、掌柜、小二、客官等不同角色的快乐。

观察与支持策略

观察：
幼儿ABC是在厨房给客人配餐和制作食物的可是幼儿ABC都不愿意给客人配餐，都想给客人制作食物。

支持：
教师进行引导，幼儿A自己与同伴进行协商，今天我来配餐，下次我们再互相交换。

活动名称：轩宇阁

活动准备

1. 物品准备：各种餐具、厨具、饭桌、茶具、毛巾、服装、各种美食、彩泥及模具、玩具铜币等。
2. 经验准备：对古人的生活方式有一定的了解。
3. 场地准备：在教室布置一个适合古人生活的地方。
4. 人员准备：2位教师，1位保育员。

活动过程

玩法一：厨师

1. 准备好厨具，穿上服装。
2. 简单布置厨房。
3. 根据客官点的餐，进行配菜。
4. 做菜。

厨师为客人进行配菜

厨师制作美食

玩法二：掌柜

1. 收取"铜钱"。
2. 记录客官给的"铜钱"数量。

结账

观察：
幼儿记录"铜钱"数量时忘记收取铜钱。

支持：
根据教师指导后，让小二带客官一定排好队，再次点餐的客官请小二收取铜钱放在掌柜处。

角色区 + 游戏化课程

观察:

小二跟门口接待的没有呼应。幼儿只懂得照实物说,不懂以物代物,想象力不够丰富;

支持:

请两个幼儿进行示范(幼儿A:客官请,小二迎客。幼儿B:来了。)了解自己角色应该做些什么,怎么做怎么说。

玩法三:小客人

1. 选取服装招呼客官入座,接待用语:客官请。
2. 收拾整理饭桌,为客人倒茶。
3. 请客官点菜。
4. 上菜。
5. 收拾饭桌。

接待客人

为客人倒茶

小二收拾餐桌

玩法四：客官

1. 入店点餐。
2. 等待小二上菜。
3. 品尝中国美食。
4. 再次点餐呼喊小二。
5. 用"铜币"结账。

> **观察：**
> 客官不会使用"铜币"，很快就把"铜币"用完了。
>
> **支持：**
> 第一次活动结束后，就请幼儿想办法，"铜币"用完了怎么办？教师引导："想一想爸爸妈妈的钱是怎么来的？"

客官品尝美食

客官品尝美食 　　　　　　　　　　再次点餐

活动评价与反思：

从《轩宇阁》游戏活动可以看出，中班幼儿角色游戏的主题得到扩展，情节也逐渐丰富和发展。随着年龄的增长，中班幼儿在日常生活中积累了一定的生活经验，他们的思维也由直觉行动性转向具体形象性，比起小班的角色游戏，他们的游戏情节会更加复杂。在游戏中，幼儿会根据扮演的不同角色使用恰当的语言进行交流。他们会认真扮演事先分配好的角色，有了一定的规则意识。当然，幼儿在游戏中还是会遇到一些问题，这时就需要教师敏锐捕捉，通过介入幼儿游戏，引导幼儿讨论等方式让游戏自然过渡到下一个环节，起着引导的作用。

角色区 + 游戏化课程　111

活动七 造型屋

园所：重庆市大渡口幼儿园　　班级：中班　　实施教师：周沁茹、杨霞　　指导教师：周昌碧

所属板块：生活体验课程

活动目标

1. 体验造型师的工作职责，丰富服装设计的生活经验。
2. 懂得服务行业与顾客沟通的技巧与常用礼貌语，能够有礼貌地接待顾客，根据顾客的需要设计服装，并练习收费计算。
3. 合理分配游戏角色，感受造型屋分工合作的要领，体会遇到问题思考解决后的成就感。

观察与支持策略

观察：
客人在等候时，秩序混乱导致拥挤。

支持：
1. 增加等候区。
2. 增加造型师，以取号的形式一对一服务。

> 活动名称：造型屋

活动准备

1. 物品准备：工作服、造型工具、收银机。
2. 经验准备：了解服装造型的流程以及造型师的工作职责。
3. 场地准备：将4楼空地布置成一个美发屋。
4. 人员准备：2位教师，1位保育员。

活动过程

玩法一：造型选择

1. 明确分工职责，做好工作准备。
2. 迎接客人，引导客人到造型选择区。
3. 询问客人想要的造型。
4. 给客人推荐合适的造型。
5. 敲定造型方案。

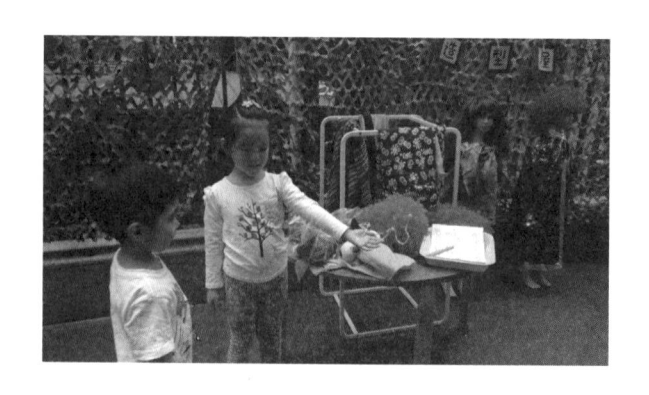

玩法二：造型设计

1. 引导客人到造型设计区。
2. 造型师准备造型材料。
3. 造型师根据客人身材比例设计服装。
4. 客人穿上新服装。
5. 询问是否满意并收钱。

观察：
客人不能准确描述自己想要的造型，导致与造型师交流不畅。
支持：
提高造型杂志，客人可根据图片上的造型进行选择。

观察：
造型师在准备造型材料的等待时间过长。
支持：
教师将各类材料编码分类放好，也提醒幼儿将多余的材料放回原处。

观察：
美发造型后的收费情况，不同造型收费是否有区别。
支持：
与幼儿共同商量不同造型的收费情况，共同制定价格表。

角色区 + 游戏化课程

观察：
幼儿们无法自主组织造型评比。

支持：
需要老师介入，假扮评比主持人，同时培养个别幼儿当评比主持人。

玩法三：造型比拼

1. 引导客人到评比区。
2. 客人摆好 pose。
3. 大众评委进行投票。
4. 评选最佳造型。

活动评价与反思：

　　《造型屋》游戏活动给了幼儿极大的自主权，真正做到了让幼儿在游戏中成长，在游戏中发展。游戏从"造型选择"到"造型设计"到"造型比拼"，层层递进，逐渐复杂，不断促进幼儿的语言能力、思维能力以及社会交往能力的发展。在游戏中，教师放手但不是放任幼儿自主游戏，给予幼儿最大的自由开展游戏。教师一直在旁边观察、思考和支持幼儿，最后还亲自扮演游戏中的角色参与幼儿的游戏，让幼儿对此游戏保持持续的兴趣和热情的同时，丰富了游戏的细节，提升了游戏的水平。

活动八 火锅 KTV

园所：重庆市大渡口幼儿园　　班级：大班　　实施教师：余彩凤、杨高红　　指导教师：周昌碧

▷ 活动名称：火锅 KTV

🏷 活动准备

1. 物品准备：餐厅中的关于火锅的物品、吉他、唱歌机、钢琴、沙锤。
2. 经验准备：有吃火锅、KTV 唱歌的经验。
3. 场地准备：将四楼楼顶创设成火锅 KTV 餐厅。
4. 人员准备：2 位教师，1 位保育员。

📖 活动过程

玩法一：服务员

1. 接待客人，引导客人入座。
2. 介绍餐厅特色：火锅 KTV 融合的模式。
3. 协助客人点餐、给客人倒水。
4. 上菜。
5. 结账收钱。
6. 整理餐桌、乐器、点歌机等。

所属板块：生活体验课程

📍 活动目标

1. 能与同伴协商拓展游戏情节，真实、有创造性地表现服务员、厨师、顾客和驻场歌手的行为活动。
2. 再现新兴的生活情境，体验边吃火锅边唱歌的乐趣。
3. 能愉快地参加火锅 KTV 的游戏，能够了解主题内的角色分工及不同角色的职责要求。

🔍 观察与支持策略

观察：

孩子们虽然有吃火锅的生活经验，但是没有真正体验过服务员的工作，所以对服务员的工作性质和内容定义不明确。他们的做法是直接越过顾客把菜品一下子都放进锅里。

角色区 + 游戏化课程

支持：
和孩子们一起讨论服务员的职责：客人到来之前做好接待准备；客人来到之后介绍本店的特色；协助客人点餐、倒水、上菜；结账收钱；整理餐桌。
支持： 教师示范。

观察：
部分孩子在了解餐厅特色之后并没有真正理解火锅KTV的游戏模式。坐在座位上等待上菜。
支持：
教师扮演顾客，以幼儿同伴的身份引导幼儿。"听朋友说这家火锅KTV可以边吃火锅边唱歌，我们一起去唱歌试一试吧。"

观察：
扮演顾客的孩子之间交流较少，一些孩子专注于吃火锅，一些孩子专注于唱歌。
支持：
教师扮演顾客，以幼儿同伴的身份，提出一些生活中的话题引导幼儿交流，将现实生活融于游戏中。

玩法二：顾客

1. 根据服务员引导入座。
2. 了解餐厅特色。
3. 点餐。
4. 点歌、K歌。
5. 结账付钱。

玩法三：厨师

1. 按照菜单准备火锅锅底、菜品。
2. 整理厨房。

观察：
一般情况厨师会根据菜单准备相应的菜品，当游戏进行时间较长时，厨师会自作主张替客人加菜。

支持：
教师扮演顾客，以幼儿同伴的身份，向服务员询问未点菜品的情况，提出退菜。

支持：
告诉厨师如果给客人提供了多余的菜品会导致火锅KTV亏损，甚至是店铺倒闭。

玩法四：驻唱歌手

1. 驻场表演。
2. 整理乐器。

观察：
驻场歌手的游戏专注时间较短，尤其是当大多数顾客自己开始唱歌之后。

支持：
告诉驻唱歌手他的工作性质，营造火锅KTV独有的店铺氛围。同时告诉他要有敬业精神，不论有无客人观看都要将工作坚持到底。

支持： 教师扮演顾客，以幼儿同伴的身份，给驻场歌手鼓掌，并请他表演。

角色区 + 游戏化课程　117

活动评价与反思：

　　火锅KTV的游戏与重庆的孩子们的生活相似度较高，从火锅主题来说，所有的孩子基本都能按照游戏的进程开展。不过这个游戏又将KTV的元素融入进吃火锅这一日常生活情境中，这一环节对于大班的孩子来说还不是特别熟悉，因此在一半熟悉一半陌生的情境中这种游戏对于大班的孩子来说还是比较具有吸引力。

　　游戏前，有些扮演顾客的孩子会提前说明今天他们的聚餐娱乐主题，比如家庭聚餐、生日派对、好友聚会等等。在他们自己预设的不同主题之下，按照生活的经验补充游戏的细节，从某种程度上来说，他们在玩游戏的同时不仅融入了他们的生活经验，也丰富了游戏的内容。游戏中，幼儿始终处于主体地位，按照自己的意愿和想法发起游戏、解决困难、丰富材料、创新情节，使儿童游戏从原有水平向更高水平发展。

活动九 西餐厅

园所：重庆市大渡口幼儿园　　班级：大班　　实施教师：陈在雪、叶礼娜　　指导教师：周昌碧

> 活动名称：西餐厅

🏷 活动准备

1. 物品准备：厨房用具、用餐工具、玩具食材、超轻泥、桌子、椅子、菜单、厨师帽、钱、餐巾。
2. 经验准备：对西餐礼仪有一定的了解。
3. 场地准备：在创意长廊布置一个西餐厅。
4. 人员准备：2位教师，1位保育员。

📖 活动过程

玩法一：服务员

1. 接待客人，客人进门时服务员礼貌地说"欢迎光临"，随即带客人走到空桌位，为客人轻拉开椅子请客人入座。
2. 帮助客人点餐，熟记客人的要求。

所属板块：角色区

📍 活动目标

1. 明确各自的角色分工和特征，知道基本的西餐礼仪，并能用西餐礼仪来规范自己的行为。
2. 能合理分配角色，感受分工合作的重要性，遇到问题能动脑筋，并尝试协商解决。
3. 能选择自己喜欢的角色，体验扮演厨师、服务员、小客人等不同角色的快乐。

🔍 观察与支持策略

观察：
幼儿是否明确自己的职责。

支持：
1. 游戏前引导幼儿交流讨论服务员的工作职责。
2. 游戏过程中观察幼儿存在的问题，并用语言引导："服务员，请问还有空位吗？""服务员，有菜单吗？我要点菜。""服务员，我的菜好了吗？""服务员，我吃好了，请问在哪里结账？多少钱？""服务员，桌子太乱了，请收拾一下。"

角色区 + 游戏化课程

观察:
幼儿是否能将食物送到对应的桌上。

支持:
引导幼儿询问厨师做的是哪一桌的食物。

3. 上菜,将食物送到对应的桌上。

4. 结账,在客人用餐时将账算好,并写在菜单上的总价处。

5. 收拾整理桌面。

玩法二：厨师

1. 接单，安排做菜的顺序。
2. 根据菜单制作食物。
3. 出菜，告诉服务员将做好的菜端给对应的客人，并在菜单上给送了的菜做标记，菜单上所有菜品送完后将菜单交给服务员。
4. 整理厨房用具。

玩法三：小客人

1. 待服务员轻拉开椅子后，会说"谢谢"。就座时，身体要端正，不随意摆弄餐桌上的餐具。

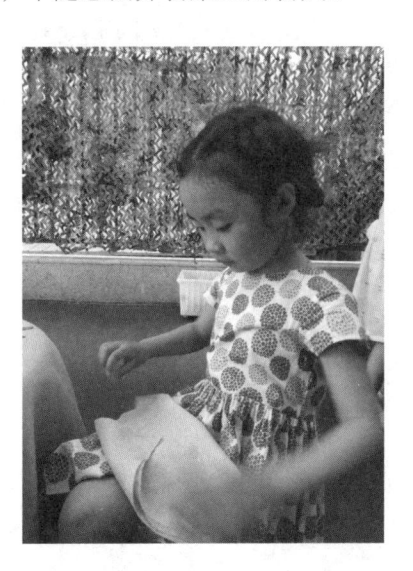

观察：
幼儿能否按所点菜品制作食物。
支持：
以图文并茂的形式制作一个菜单。

观察：
幼儿能否合理安排制作食物的顺序。
支持：
前期引导幼儿讨论如何合理安排制作食物的顺序。

观察：
幼儿能否将所点的菜一一做完。
支持：
每做一道菜用笔做一个记号。

观察：
幼儿是否有良好的就餐礼仪。
支持：
1. 前期观看有关西餐礼仪的视频，引导幼儿学习。
2. 录下幼儿第一次游戏的过程，引导幼儿观看讨论。

角色区 + 游戏化课程

2. 点餐，看菜单，有问题可询问服务员，并告知服务员对食物的要求。

3. 等餐，先洗手，回座位后将餐巾对折轻轻放在膝上。

4. 用餐，右手持刀，左手持叉，将食物切成小块，由外往里取食，用叉送入嘴口中，吃完后将刀叉并拢放在盘内，如未吃完，则摆成八字形或交叉摆。

5. 付账，询问服务员在哪里付账。

活动评价与反思：

  大班幼儿活动能力增强，会接触更多的事物。随着他们生活经验的积累，关注的东西会更多，他们会自觉地将感受到的现象呈现在游戏中。《西餐厅》游戏活动中幼儿对服务员、厨师和客人等角色及其职责的理解已经比较深入，他们会把自己在日常生活中观察到的角色特征和行为较好地融入游戏中，使游戏更加贴近于现实生活，即幼儿的游戏过程来自生活经验，而游戏的体验又可以获取更多的生活经验，使他们更好地适应现实生活。同时，大班幼儿的语言表达能力有了飞速的发展，在与同伴的交往中，语言是他们最主要的交流工具，他们会用语言沟通协商，一起解决遇到的问题。

其他区 + 游戏化课程

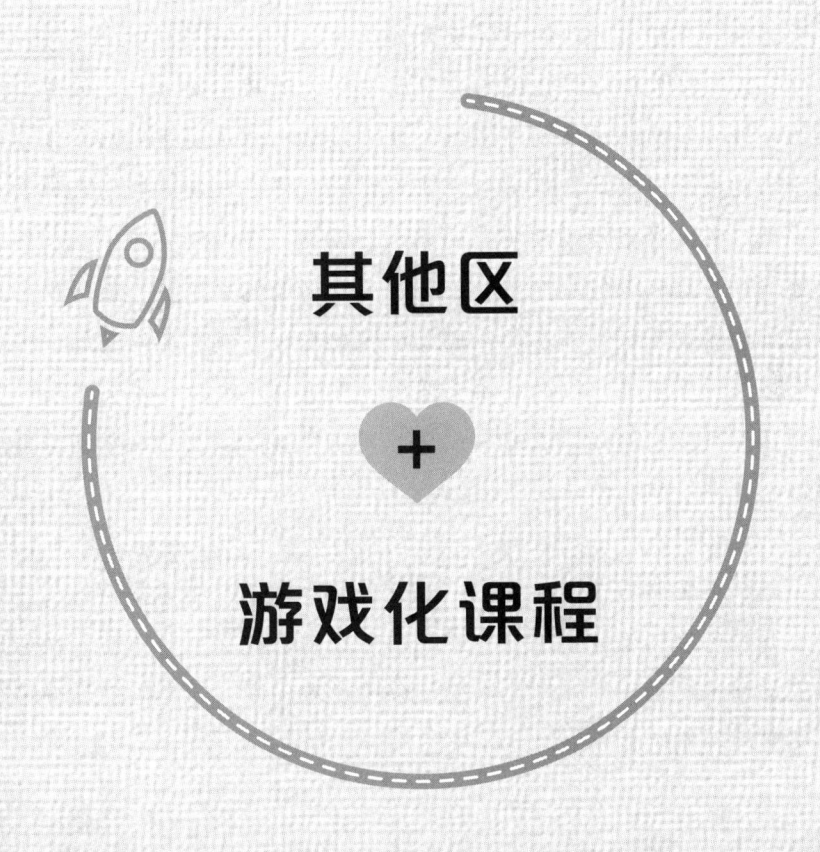

由于我国各地幼儿园区域活动依据理论以及实践经验不同，在区域的设置上也各不相同。在本土化的区域游戏研究过程中，团队成员在借鉴、吸收和融合相关理论的基础上，经过长时间的探索，在预备区域、基本区域之外，在实践中设置了创意区域和延伸区域。《幼儿园教育指导纲要》和《3~6岁儿童学习与发展指南》中反复强调对幼儿创造能力的培养。多元智力理论以及光谱方案教学在教育实践层面也以区域化的形式来实现幼儿创造力的发展。因此，促进幼儿富有个性的发展以及培养幼儿的自主精神和创造精神是区域活动最重要的内容。因此，可以设置艺术区、社会理解和建构区等区域，促进幼儿的社会能力及创造能力发展。教师要打破以往班级空间的设置模式，在幼儿园大环境中积极寻找合理的空间，并将这些创意区域设置在幼儿园的公共空间以满足各个年龄段和发展需要的幼儿不同的活动目标。比如，通过创设传统文化体验区，让幼儿在动作操作和亲身体验中学习和感受传统文化。

为了满足部分幼儿在主题活动中探究的欲望，以及生活中个别幼儿的特别兴趣，在区域活动设置中，可以设计一些与主题相结合的材料，设置具有主题特色的拓展区。比如可以配合幼儿生命教育主题活动，在活动室内布置空间、提供材料让幼儿感知生命、体验生命，满足他们社会性发展和获得交往技能的需要。

活动一 不可思议的妈妈

园所：耀星第一幼儿园　　班级：小二班　　实施教师：王寒瑜　　指导教师：李德红

> **活动名称：不可思议的妈妈**

🏷 活动准备

1. 物品准备：地垫、音乐、动画视频、气球若干。
2. 经验准备：了解妈妈怀孕的辛苦。
3. 场地准备：将教室一角布置成妈妈的肚子。
4. 人员准备：一名老师扮演孕妈妈。

📖 活动过程

阶段一：感知（活动时长：10 分钟）

一、暖身游戏：我是小 baby。

1. 引导幼儿回忆刚出生的婴儿是什么样子。
2. 幼儿集体坐在垫子上，教师播放轻音乐，幼儿体验婴儿的各种动作。

体验婴儿的动作

师：小朋友，你们见过刚出生的宝宝吗？会说话和走路吗？你们模仿一下。

所属板块：生命课程

📍 活动目标

1. 通过动画视频了解妈妈孕育生命的过程。
2. 幼儿用动作表现出小宝宝在妈妈肚子里干什么，提高想象力。
3. 通过体验游戏的方式，感知大肚子妈妈的辛苦。

🔍 观察与支持策略

观察：
暖身游戏后孩子们很难安静下来。
支持：
教师在引导环节增加趣味性，吸引幼儿的注意。

观察：
幼儿趴在垫子上的时候容易争抢位置。
支持：
老师应与幼儿及时沟通并协调好每人所占位置。

观察栏	正文

观察：
幼儿在观察孕妈妈的肚子时会引发热烈的讨论，导致现场秩序混乱。
支持：
老师可以让他们分别发言，并且解答他们的疑惑。

观察：
有的幼儿在布置场景"妈妈的肚子"里待久了容易产生密闭恐慌。
支持：
教师应及时进行心理疏导，鼓励幼儿完成动作后再爬出来。

观察：
幼儿在体验游戏环节中，在走路时因为肚子遮挡视线容易摔跤。
支持：
老师应建议幼儿慢慢走路，并让幼儿感受到做妈妈的不容易。

观察：
幼儿在往衣服里塞气球时很害怕，不敢塞进去。
支持：
老师可以帮助幼儿克服恐惧。

阶段二：感受（活动时长：15分钟）

一、视频：《宝宝的成长》。

1. 一名老师扮演孕妈妈入场，老师提示小朋友观察准妈妈的肚子。

孕妈妈

师：我今天请了一位客人来做客，看看她有什么不一样？

2. 教师播放视频，幼儿观察宝宝的成长过程。

解说词：爸爸和妈妈结婚后，觉得很孤单，他们想如果家里有个小宝宝那该多好啊！于是爸爸把许多叫"精子"的小种子放在妈妈的肚子里，精子在去妈妈肚子的途中遇到"卵子"，如果他们成为好朋友，拥抱在一起就会变成小宝宝。妈妈肚子里一个器官叫子宫，小宝宝就住在里面。子宫壁上有一层膜，那就是胎盘。胎盘上有一根脐带，连着小宝宝的肚脐，帮助小吸收营养和排出身体里的废料。就这样小宝宝一天天长大了，当他大得在子宫里待不下时，小宝宝就出生了。

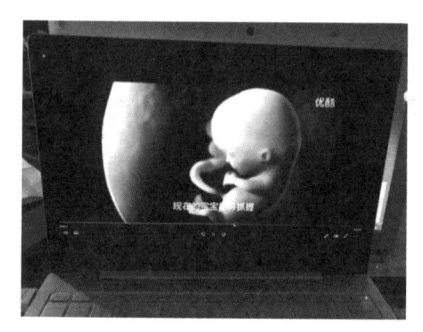

观看视频

二、情景《肚子里的家》

1.组织幼儿进入提前布置好的场景里面。

2.引导幼儿根据老师提示扮演回到妈妈肚子里的宝宝。

回到妈妈的肚子

观察：
幼儿衣服里放了气球后行动不方便，打扫卫生很困难，容易产生消极情绪。

支持：
教师及时安慰。并让幼儿产生共情，体验到做妈妈的不容易。

师：肚子里的宝宝像个小蚕豆，牢牢地抱成一团，一动也不能动。慢慢慢慢长大了些，我要当个拳击手，左边两下嘿嘿，右边两下嘿嘿。我还要学习踢皮球，左边两下，右边两下，骑上我的小三轮真神气。我还会赌气皱皱眉头，撅起我的小嘴巴，妈妈妈妈我要出去……出来了，出来了，终于出来了。

阶段三：感恩（活动时长：10分钟）

一、体验游戏《我来做妈妈》

我来做妈妈：请小朋友每人在自己的衣服里塞上一个气球，按照老师的提示表演一位怀孕的妈妈步骤：慢慢起床，小心走路，弯腰打扫卫生，托着肚子散步，弯腰捡东西，轻轻坐下，体验妈妈怀孕时挺着大肚子的辛苦。

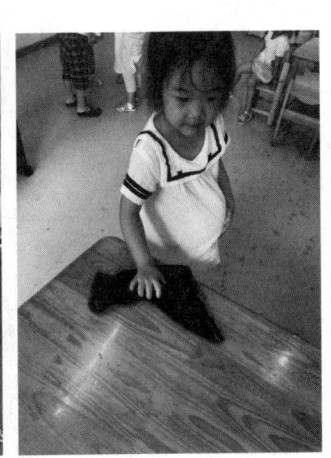

图八：甜甜的话

二、甜甜的话：妈妈辛苦了
教师引导小朋友有一颗感恩的心并说出自己想对妈妈说的话。

活动评价与反思：

　　幼儿对自己是从哪里来的这个话题十分感兴趣，老师借助孩子们的这一问题为契机，开展了本次活动《不可思议》的妈妈，通过感知、讲述、体验等方式，请幼儿理解自己生命的来源，感受妈妈孕育生命的辛苦和伟大。活动步骤设计紧凑、环环相扣，整个活动下来小朋友的情绪很热烈。小朋友衣服里塞进了气球，会发现走路需要十分小心，不然容易摔跤，行动也十分不方便，自然能体会到了妈妈的不易。利用这样的方式了解妈妈怀孕的辛苦，激发热爱妈妈的情感。建议可以家园配合，继续深度挖掘本次活动的目标。

活动二 鸟儿在唱歌

园所：耀星第一幼儿园　　班级：中一班　　实施教师：冷倩　　指导教师：李德红

> 活动名称：鸟儿在唱歌

🏷 活动准备

1. 物品准备：绘本《鸟儿在歌唱》PPT课件。
2. 经验准备：幼儿了解小鸟孵蛋的过程。
3. 场地准备：教室。
4. 人员准备：班级两名教师。
5. 提前一周开展"护蛋行动"活动。

📖 活动过程

阶段一、护蛋使者（活动时长：5分钟）

（一）抢椅子：幼儿随身携带一个生鸡蛋，跟随老师一起进行游戏，游戏过程中伺机让幼儿懂得珍惜生命。

师：一个鸡蛋就是一个生命，生命就像鸡蛋，破碎了不能再缝合，失去了不能再重生；生命只有一次，生命来之不易，必须万分珍惜。

所属板块：生命课程

📍 活动目标

1. 通过护蛋活动和欣赏绘本，使幼儿明白生命只有一次，非常可贵。
2. 引导幼儿对生活充满乐观向上的精神和懂得对生命的尊重。
3. 了解清明节的意义及习俗。

🔍 观察与支持策略

观察： 个别幼儿在游戏过程中看到鸡蛋破碎后控制不住自己发脾气。

支持： 活动前先提出要求；请辅助老师将情绪激励的幼儿带到旁边安抚情绪。

观察： 欣赏绘本过程中，孩子们举手回答问题较积极，活动时间较长。

支持： 教师注意把握活动时长，抓住重点问题提问。

（二）1. 回顾为期一周的"护蛋"活动，请幼儿谈谈自己保护蛋宝宝的方法，和蛋宝宝一起做了些什么事情？

2. 请护蛋失败的幼儿谈谈自己的感受。

师：这个故事发生在什么季节？是谁发现的小黑鸟？你们觉得小黑鸟是怎么了？

阶段二、欣赏绘本故事（活动时长：10 分钟）

1. 教师带领幼儿欣赏绘本，直到发现黑鸟的画面。

2. 继续欣赏绘本，提问。

师：动物们发现小黑鸟死后，它们是怎么做的？此时，你们的心情又如何？最后费洛格发出了一句怎样的感叹？

3. 小结：小动物会死去，人也会死去，花草树木会枯萎，每一个生命都有结束的时候，死很可怕，但又是我们不得不面对的事情。生命只有一次，小黑鸟失去生命，就不能在天空飞翔，在树枝歌唱，我们失去生命，就不能陪伴在家人、朋友身边，所以我们要珍惜生命、尊重生命，让每一天都过得快乐、充实。

阶段三：清明种植习俗（活动时长：10分钟）

1. 背诵《清明》。
2. 了解清明节的习俗。
   （扫墓、踏青、放风筝、种植植物…）
3. 种植植物：在清明节有种植物的习俗，寓意着将我们对过世亲人的思念深深埋在土里，再对植物加以悉心照料，看着它成长就好比亲人陪在我们身边！

那现在就让我们一起去种植植物吧！

观察：种植活动比较混乱，幼儿把泥土弄得满地都是。
支持：先引导幼儿了解种植的步骤，选择宽阔的场地进行活动。

活动评价与反思：

生命教育，指的是通过教育活动让幼儿对生命产生科学的认知、对生命保持正确的态度。具体来说，生命教育就是以尊重幼儿发展为基础，通过生理、心理、生活、品德、灵性教育等方面，让幼儿对自己的身心、对人与人之间的关系、对人与社会和自然的关系产生深入的认知，以达到让幼儿认识生命、尊重生命和珍惜生命的目标。本次活动主要以情境体验为主，分为三阶段进行。阶段一：首先让幼儿进行游戏体验，"抢椅子"这项活动考验儿童的大动作能力和反应能力，看看谁是最佳护蛋使者，由于孩子们在游戏过程中容易投入地去争夺椅子，而忘记了自己保护鸡蛋的责任，有的孩子因为鸡蛋破碎好而大哭，老师这个时候要给予正确的生命教育，安抚好孩子的情绪，让他们学会正确对待，最重要的是树立爱惜生命，关爱生命的意识。阶段二：让幼儿欣赏绘本故事，从小黑鸟的故事中，感受生命的可贵，让孩子从故事和情景体验中真切地体验生命的脆弱性和不可逆性。阶段三：让幼儿不仅认识也体验到的生命的珍贵，教师也应巧妙引入对传统习俗的介绍，让幼儿在潜移默化中喜爱自己民族的文化，培养起幼儿的文化自信。整个环节层层递进，对启迪幼儿珍惜生命、爱护生命的意识具有重要意义。

活动三 生命旅行记

园所：耀星第一幼儿园　　班级：大一班　　实施教师：彭泽敏　　指导教师：李德红

所属板块：生活课程

活动目标

1. 初步了解生命的不可逆性。
2. 掌握保护动植物生命的基本方法。
3. 感受生命的美好，有热爱生命的情感。

观察与支持策略

观察：
儿童在听"蛋的旅行记"时喜欢和同伴窃窃私语，有的孩子还会激动地表达自己的想法。

支持：
老师应该及时提醒幼儿，让他们在听完故事后再表达自己的想法，培养儿童延迟满足的能力。

＞ 活动名称：生命旅行记

活动准备

1. 物品准备：绿植、花朵、鸡蛋。
2. 场地准备：教室、环创区域（生命绽放区）。
3. 人员准备：两位教师。

活动过程

阶段一：一个蛋的旅行（活动时长：5分钟）

1. 教师结合音乐相册讲述"蛋的旅行记"。

师：蛋蛋喜欢旅行，它去过高山、森林、草原、沙漠，在路途中它认识了很多新朋友，欣赏了许多迷人的风景，它感到非常满足、高兴，今天蛋蛋来到了我们这里想跟大家一起游戏。

提问：你们想跟蛋蛋玩什么游戏呢？（请两至三位幼儿示范自己的玩法）

2.哄蛋蛋睡觉。（放音乐）

将蛋放在盆里两位幼儿轻轻摇。

3.送蛋蛋睡觉。

用汤勺传递蛋蛋。（放音乐）

4.根据情况总结。

观察：

用汤勺传递鸡蛋时容易导致鸡蛋摔毁，引发传递人之间的矛盾，有的小孩子还会号啕大哭。

支持：

教师应及时与幼儿沟通，并告诉他们正确的传递方法，传递过程中的注意事项。

阶段二：视频狮子王（活动时长：5分钟）

1.老辛巴死去的片段。

师：小狮子它是什么样的心情？

师：每个生命的存在都是有意义的，而且它们会把自己生命的意义展现得淋漓尽致。

2.总结：狮子爸爸活着的时候小狮子和大狮子在一起玩了很久很久，他们做过许多有趣、高兴的事情。但狮子爸爸太老了终究会离开这个世界再也回不来了。因为生命只有一次。

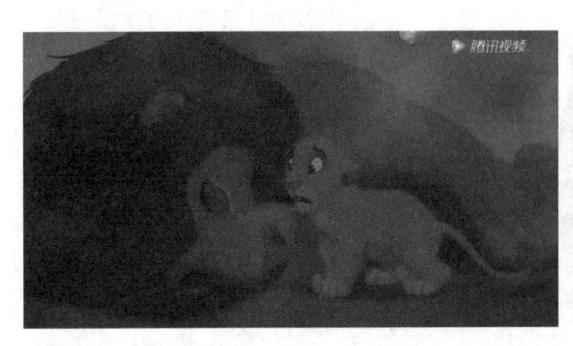

观察：

幼儿在摆放植物的时候容易将植物碰倒，手部动作较大，对待植物的方式不太恰当。

支持：

教师应及时指导幼儿正确的摆放方式，引导他们轻拿轻放。并提醒他好好清理掉地上的水渍，做事要有始有终。

阶段三：感受生命带来的美好以及热爱、尊重生命实践活动（活动时长：15分钟）

1. 将花与绿植放在桌子上；
2. 出示花并感受花带来的芳香美感；
3. 出示绿植并引导幼儿了解绿植可以清新空气；
4. 请幼儿选择恰当的方法延续花与绿植的生命；
5. 请幼儿依次将植物放进生命绽放区。

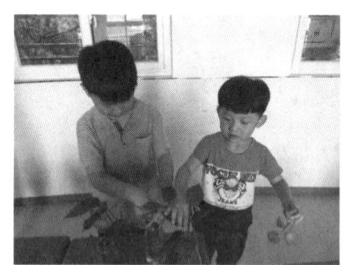

阶段四：活动延伸（活动时长：5分钟）

1. 播放视频。（出车祸视频）
2. 总结：不管是论在生活中都可能都会遇见一些危险甚至可能导致失去生命的事情，但是只要我们勇敢地去面对它，一切都会变好的。当然最最重要的还是要保护好自己，时时注意安全。

活动评价与反思：

近些年来，幼儿园生命教育日益受到重视。幼儿的生命教育是以尊重幼儿发展为基础，通过生理、心理、生活、品德、社会性教育等方面的教育，让幼儿认识自我，接纳自我，认识人与人之间的关系，认识人与社会和自然的关系，从而达到让幼儿认识生命、尊重生命和珍惜生命的目的。生命教育能够促进幼儿形成积极的生命观，促进幼儿的全面发展。本次活动以感受生命美好为中心，在活动第一环节教师请幼儿感受鸡蛋美好的一生，第二环节通过讲故事让幼儿感受生命的消亡，从而更加珍惜生命。第三个环节，通过让幼儿照顾植物感受生命的蓬勃向上。第四个环节，让幼儿看车祸的视频，提醒幼儿要珍惜生命，培养孩子们的安全意识。

活动过程中，教师尊重幼儿的主体地位，重视幼儿的动手操作和亲自体验，但活动的几个环节衔接性较弱，前后联系不够紧密。事实上，这一类的活动应该尽可能地融入幼儿一日生活当中，教师要注意把握日常生活中生命教育的契机。比如，可以根据幼儿园的植物区来开发生命教育的课程资源，让幼儿在每天观察植物、照顾植物的过程中感知生命的成长和美好。还可以利用幼儿的生活资源，丰富生命教育课程。

活动四 礼乐坊

园所：重庆市大渡口幼儿园　　班级：大班　　实施教师：叶礼娜、陈在雪　　指导教师：周昌碧

> 活动名称：礼乐坊

活动准备

1. 物品准备：翰墨室（宣纸、毛笔、水写布、墨汁、国画颜料、小水桶、颜料盘、挂笔架），水云间（埙、古筝、绸扇、水袖、话筒、奖状），茗德轩（成套茶具、茶叶、米色地垫、小茶桌、热水壶、茶道六君子、茶台），棋弈斋（五子棋、围棋、跳棋、飞行棋、印章）。

2. 经验准备：开设相关课程让幼儿了解并学习各种游戏材料的基本使用方式。

3. 场地准备：教室分区（翰墨室、水云间、茗德轩、棋弈斋）。

4. 人员准备：3名教师。

活动过程

玩法一：翰墨室

角色：书画大师

1. 自主选择作画材料；
2. 根据自己的想法大胆创作；
3. 盖上自己的印章，形成作品；
4. 游戏结束，盖印章（表现好盖笑脸，表现差盖哭脸）。

所属板块：文化区

活动目标

1. 感受中国传统文化，萌发对中国传统技艺：琴、棋、书、画、茶的兴趣。
2. 初步感受和学习中国传统技艺琴、棋、书、画、茶的基本技能。
3. 能发挥想象力，大胆创造，勇于表现。

观察与支持策略

观察：
幼儿握毛笔的方式错误，习惯采用握硬笔的方式握笔。

支持：
教师引导幼儿认识毛笔与硬笔的区别，并示范如何正确握毛笔，在幼儿使用毛笔的过程中进行指导。

观察：
幼儿不小心将颜料滴在了宣纸上，影响了整幅画的美观。

支持：
引导幼儿思考如何用添画的方式将这个"污点"修改成与这幅画主题相关的内

容，并提醒幼儿蘸了颜料后将毛笔上多余的颜料刮去。

观察：
洗笔时，笔在小水桶里胡乱搅动，将脏水洒到了水桶外。

支持：
教师示范正确洗笔的方式，朝一个方向轻轻搅动，并将水桶里的水倒掉一部分，只剩一半。

观察：
幼儿在游戏的过程中过于兴奋、吵闹，对其他正在游戏的幼儿造成了影响。

支持：
播放音乐，营造氛围，舒缓幼儿情绪。
播放古人下棋视频，引导幼儿学习"观棋不语真君子，棋手无悔大丈夫"的美德。

玩法二：棋弈斋

角色：下棋童子

1. 两两或多个幼儿互相结对；
2. 互相商量选择一种棋弈材料；
3. 根据棋弈规则轮流下棋；
4. 游戏结束，盖上输赢印章。

玩法三：水云间

角色：主持人、乐师、舞姬、歌手

1. 乐师、舞姬、歌手在主持人处领取出场序号；
2. 在观众席等待并观看表演；
3. 主持人讲述主持词，表演者依序轮流表演；
4. 游戏结束，盖印章（表现好盖笑脸，表现差盖哭脸）。

玩法四：茗德轩

角色：沏茶师、品茶人

1. 自主分配角色；
2. 沏茶师摆放茶具，并沏茶；
3. 品茶人观看沏茶过程，学习沏茶礼仪；
4. 品茶；
5. 游戏结束，盖印章（表现好盖笑脸，表现差盖哭脸）。

观察：
刚开始游戏时幼儿兴趣较高，玩过几次后兴趣逐渐降低。

支持：
（1）丰富游戏材料，增加更多的乐器。
（2）增加颁奖环节。

观察：
幼儿表演的节目过于简单、随便，有的幼儿上台后随便舞几下绸扇或者甩一甩水袖，十几秒钟就结束了自己的节目。

支持：
教师以表演者的角色加入游戏中，进行自我介绍、表演、谢幕，示范引导幼儿完整呈现一个节目。

观察：
幼儿不清楚茶具的用途，不会沏茶。

支持：
请会的幼儿示范、指导。教师制作沏茶流程图贴在墙上。

活动评价与反思：

中国传统文化包含丰富的内容和文化形式，是宝贵的教育资源。在幼儿时期，通过将适当的传统文化内容添加到幼儿教育中，可以丰富幼儿教育的内容。《礼乐坊》这一活动包含了书画大师、棋艺、歌舞和品茶等传统文化。孩子们刚开始接触的时候不知道如何使用，经过几次尝试之后幼儿对游戏规则、材料的使用方式，游戏时的礼仪掌握得都比较好，然后可以自主选择区域进行游戏。这一活动既能满足幼儿游戏的需要，又能够让幼儿了解和理解有趣的传统文化，帮助幼儿培养学习兴趣。

活动五 汪汪救援大队

园所：重庆市大渡口幼儿园　　班级：中班　　实施教师：谢丹 王玉欢　　指导教师：周昌碧

> **活动名称：汪汪救援大队**

🏷 活动准备

1. 物品准备：动画背景音乐、ppt、吊环、单杠、脚步器、救援绳、迷彩网、闯关卡、地垫、攀爬梯、海洋球、背篓、肩章、印章、荣誉证书。
2. 经验准备：观看动画、知识普及。
3. 场地准备：按闯关内容划分6个区域，粘贴标识。
4. 人员准备：两名教师，一名保育员。

📖 活动过程

玩法一：汪汪队特训营

角色一：莱德队长
1. 体能闯关考官，知识普及教官。
2. 发放闯关徽章。

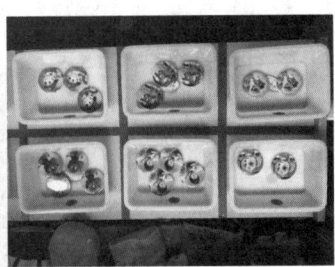

所属板块：体能游戏

📍 活动目标

1. 在游戏中完成投掷、跨跳、攀爬、匍匐前进、平衡、上肢力量等多项技能。
2. 了解军人的职责，探究不同器械的运动方式。
3. 在游戏中体验各种军人的荣誉感与责任感。

🔍 观察与支持策略

观察：
L小朋友选择当莱德队长，但是在知识普及上涉及有一段独白内容，幼儿背诵起来有一定困难。

支持：
教师利用家长资源，让一名男家长录音，在游戏中幼儿跟着录音一起念，这样这个队长的气势也就出来了，孩子们也更感兴趣了。

角色二：救援队

1. 选择角色

毛毛（消防兵）

阿奇（交通警）

天天（航空兵）

路马（海上救援兵）

小砾（工程救援）

灰灰（丛林救援）

2. 闯关（理论知识、体能训练）

关卡一：知识普及

玩法：观看动画视频学习救援常识，并能通过语言进行表达。

观看视频，普及知识　　过关盖章

观察：
在"知识普及闯关"这一环节由于只有一队长盖闯关卡，闯关队员又太多，因此造成等待时间过长。

支持：
选一名在另外环节中当队长的幼儿来支持，加快闯关进度，减少等待时间

关卡二：单杠吊环训练

玩法：上肢锻炼 30 秒，脚不落地即可过关。

关卡三：脚步器挑战

玩法：能按脚步器上的标志完成手脚并用的项目。

关卡四：救援绳拉力赛

玩法：幼儿双手用力拉救援绳 30 个，完成上臂力量方可过关。

观察：
此关锻炼幼儿上臂力量，要求幼儿脚不落地才可过关，之前在活动中要求是 30 秒，有的小朋友上臂力量较弱。

支持：
教师根据每个幼儿体能发展的特点，适时调整闯关时间，把原来的 30 秒减至 20 秒，使小朋友挑战起来更有自信心。

观察：
救援绳拉力赛也是锻炼幼儿双臂力量的，别看简单，实际锻炼起来有些难度，要求幼儿必须双臂张开，有些幼儿就会不按要求做，队长会叫停，并说闯关不成功。

支持：
如果小朋友双臂力量弱，可在此项目中获得了一次补考的机会。

关卡五：穿越火线

玩法：幼儿翻越攀爬楼梯后匍匐前进穿过迷彩网。

关卡六：投掷炸弹

玩法：海洋球若干，成功投进筐内 10 个即可闯关成功。

通过闯关者获取角色肩章：

救援口号：没有困难的工作，只有勇敢的我们。

观察：

这一关考验幼儿的投掷能力，幼儿必须准确地将球投掷到筐里，某小朋友一直投不准，使旁边的队长一直不停在捡球，中途两名队长开始商量起对策来。

支持：

之后教师和队长共同商量出方法：将两个筐并放在一起，只要扔在这两个筐内都可以。如果还有困难就调整投掷距离，将投掷点移到前面蓝色线条处。

玩法二：汪汪队总部（接收任务）

1. 队长发放任务，队员根据任务商讨合作救援计划。

2. 赶赴救援现场（室外）完成任务。

玩法三：荣誉墙

救援队员完成任务后返回总部到队长处报到，获取荣誉证书，并拍照留念。

观察：
闯关完成后队长会发放救援任务，队员们挤在队长身边，使队长安排救援任务时秩序混乱。

支持：
调整队形，让队员们站成一排认真听队长念任务卡上的救援内容，增强仪式感。

活动评价与反思：

  幼儿园情境体能教学将情境教学理论与幼儿体能训练相结合，倡导有目的地创设相应情境，组织幼儿锻炼体能。教师可参考《3~6岁儿童学习与发展指南》，依据幼儿发展现状和幼儿园实际，确定体能游戏活动的目标，创设相应的情境，科学设计活动，合理使用器械。本次活动中教师根据幼儿运动能力发展的不同，设置了不同难度的关卡。幼儿虽然能力有所不足，但是他们勇于挑战，愿意去尝试一些难度较大的游戏。在教师的鼓励下，平常运动能力较弱的孩子也愿意由易到难地挑战关卡。这种闯关游戏不仅锻炼了幼儿的运动能力，也让幼儿在各种游戏活动中体验到快乐。幼儿园体能游戏活动应该以情境创设为主线，以身体练习为主要方式，以幼儿体能发展为主要目标，同时重视幼儿学习品质的培养，强调人文化与科学化，从而有效促进幼儿体能发展。

活动六 御林军擂台赛

园所：重庆市大渡口幼儿园　　班级：大班　　实施教师：韩素花、李伟　　指导教师：周昌碧

> 活动名称：御林军擂台赛

🏷 活动准备

1. 物品准备：

将军服：头盔2个、披风（红色2件、蓝色1件）；武术风运动短袖上衣：黑色（13件）；鼓（带鼓架）；旗：大旗10面、小旗20面；令箭10个；双面号牌8个；羽箭：40支；粘球靶2张（配球20个）；九宫格地垫1张（规格：1.2cm×1.2cm）；骰子1个；铃铛20个；大毛笔2支；粘球2个；瓷罐2个；红色短绸带5根。

2. 经验准备：

（1）角色带入，体验古代军营生活。

（2）有任务意识，能遵守活动的规则，并能和同伴合作完成任务。

3. 场地准备：

布局图说明：

（1）🖼为草垛。

（2）🖼绿色边框只是作为布局图中区分游戏区域的边界，但不会在地标中呈现。

（3）地标为：红色箭头、红色的圆形边框（其中红色箭头为闯关顺序指引图）。

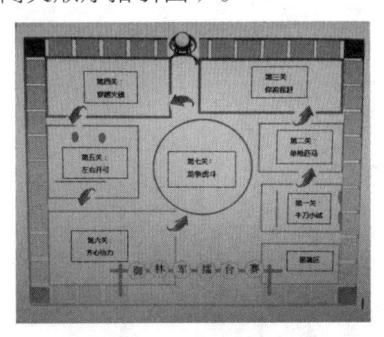

所属板块：体育游戏

📍 活动目标

1. 角色体验

（1）体验古代军营生活。

（2）主动承担任务，遇到困难能够坚持。

（3）有任务意识，能遵守活动的规则，并能和同伴合作完成任务。

2. 运动体能

（1）具有一定的平衡能力，动作协调、灵敏。

（2）具有一定的力量和耐力。

（3）运动时能注意安全，不给自己和他人造成危险。

3. 活动流程

教师宣讲游戏规则及要求，自主选择角色（抓阄或猜拳），按角色组队，更换服装，布置场地，完成角色任务（闯关），宣布游戏结果，颁奖，分区域带来宾体验。

4. 闯关要点

（1）每队士兵要服从元帅命令。每次闯关前，元帅将按游戏规定人数选取相应的士兵，并发放令箭。被选中的士兵将代表本队参加

此次闯关。

（2）监军作为裁判进行监督，获胜方将由监军插上一面代表本队的旗子。

（3）闯关依次按1、2……顺序完成。

🔍 观察与支持策略

观察：
在"牛刀小试"这一关，很多小士兵在向球靶掷球会因为心急导致球没有投在靶上，反而掉落，让小士兵很失落。

支持：
在赛前强调投掷技巧，并安慰和鼓励没有投中的小士兵。

4. 人员准备：

元帅（红队、蓝队各1名）任务：号令全军、分配任务、负责组队；

士兵（每队各4人）任务：听从军令、认真训练、完成任务；

监军（2名）任务：认真查岗、严格监督、准确记录；

鼓手1名 任务：主持比赛、按时击鼓、宣布成绩。

📖 活动过程

第一关：牛刀小试

每队3人参加，向球靶掷球，每人掷1球，总靶数多者获胜，得一旗。

牛刀小试

第二关：单枪匹马

每队1人参加，按监军掷出的骰子，在不离开原位置的前提下用身体的任何部位触到相应的图案，5分钟内完成次数多者获胜。

单枪匹马

第三关：你追我赶

每队4人参加，每人双手各抓一球，在排好的椅子上横向移动，将球运到对面篮子里，全队通过最快者得一旗。

你追我赶

观察：
在"单枪匹马"比赛中，小士兵在得到图案时，身体会用力地去触碰相应图案，同组的小队员会为她呐喊加油，如鼓励她"再往上面一点儿，加油加油！"

支持：
鼓励幼儿的团队精神；同时注意他们的行为，以免伤害到其他小士兵。

观察：
在"你追我赶"这一关，搭建战壕的积木在比赛中会滑动，元帅会自发带领不比赛的队友去扶住；同时还会小声商议不能帮对手扶。

支持：
他们在比赛时会针锋相对，会为自己的队员加油鼓劲，也会在元帅拿不定主意时出谋划策。

观察：

在"穿越火线"这一关，小士兵在匍匐前进的时候容易忘记旁边有小凳子，身体移动过快，手肘有时候会不小心碰到凳子脚。

支持：

教师应在凳子旁设置软垫等隔离物，以免造成不必要的伤害。

第四关：穿越火线

每队 3 人参加，以匍匐前进的姿势爬过固定区域，碰响铃铛者淘汰，通过人数多者得一旗。

穿越火线

第五关：左右开弓

每队派出 4 人参加，向壶内投箭，每人投 5 箭，投进总数多者胜出，得一旗。

左右开弓

第六关：齐心协力

每队 5 人参加，每人手拉一绳，齐拉毛笔写出"日"字，先完成者得一旗。

齐心协力

> **观察：**
> 小士兵在投壶时，由于沉浸在游戏中，往往忽略了规则，比如脚要站在红线后，有的小士兵没有做到却投进了，会引发其他小组的争议。
> 有的小士兵对自己没投进不满意，投完了还要坚持继续投。
>
> **支持：**
> 赛前强调规则，对没有按规则比赛的小士兵强调规则意识。
>
> **观察：**
> 在"齐心协力"这一关，小士兵们一起拉绳子写字的时候，没有协调好，容易引发争执。
>
> **支持：**
> 引导幼儿选出一个参谋来指挥大家，不仅要培养幼儿的合作意识，也要让他们学会分工合作。
>
> **观察：**
> 固定书法纸的小士兵手上容易被染上很多墨水。
>
> **支持：**
> 可以提前为固定纸张的小士兵准备一次性手套。

观察：
在第七关"龙争虎斗"比赛时，两个小士兵在竞赛的时候，两组其他小朋友会很努力地在旁边助威，有的时候还会不注意冲到比赛区域内。

支持：
老师时刻注意其他小朋友的行为，以免造成不必要的伤害。

观察：
两个小士兵在竞赛过程中，有时候会控制不好尺度，男孩子用力过大可能会伤害到女生。

支持：
教师密切关注比赛情况，发生了意外情况应立即应对。

观察：
红军和蓝军都迟迟不派出选手，原来都想等着对方先派出选手，以便找出能"压倒"对方的人。

支持：
引导幼儿商量游戏规则。

第七关：龙争虎斗

各队派出1名同号士兵，在规定区域内单脚站立，另一只腿抬起，用手握住脚踝关节，双方用膝盖相互撞，使对方失去平衡，脚先落地者为输，获胜者得一旗，游戏共四轮。

龙争虎斗

活动评价与反思：

《幼儿园教育指导纲要（试行）》提出："开展丰富多彩的户外体育活动，培养幼儿参加体育活动的兴趣和习惯，增强体质，提高对环境的适应能力。"民间体育游戏具有材料准备简单、趣味性和互动性强的特点。作为传统文化的一部分，有传承和发扬的意义。本次民间体育游戏系列活动，游戏内容趣味性强，幼儿的参与性与积极性高。在游戏中幼儿因为各种原因出现了不遵守规则的情况，如果教师单纯批评可能会消磨幼儿对于游戏的热情。因此，教师需要灵活改变指导的方式，间接促使幼儿自觉遵守游戏规则。当教师发现幼儿不适当的行为在游戏中频繁出现的时候，就可以考虑把它变成游戏的规则，让幼儿能够自觉遵守。

活动七 小动物拔河

园所：重庆市大渡口幼儿园　　班级：小班　　实施教师：费秋蓉　林玲　　指导教师：周昌碧

> **活动名称：小动物拔河**

🏷 活动准备

1. 物品准备：椅子4把、3米粗麻绳2根、28个沙包分装成4篮、小背篓、小动物头饰、地面标志。
2. 经验准备：了解拔河规则及玩法。
3. 场地准备：室内活动区。
4. 人员准备：区域管理员（负责场地布置和收纳）。

📖 活动过程

玩法：

1. 区域管理员将游戏材料摆放到指定位置。
2. 幼儿选择自己想要扮演的动物角色。
3. 邀请一位小伙伴一起参与比赛。
4. 两名小朋友背对背坐在椅子上，将小背篓抱于胸前。
5. 观察对方是否准备好，一起喊口号"1，2，3，开始"。
6. 两名幼儿各自用力向前移动椅子，直到靠近前方装有沙包的篮筐。
7. 将篮筐中的7个沙包捡进胸前背篓里。
8. 最先捡完沙包的小朋友获胜。

所属板块：体育游戏

📍 活动目标

1. 提高身体协调能力，锻炼手部力量、腿部力量、腰部力量及耐力。
2. 能够遵守规则，愿意与小朋友合作游戏。
3. 能够正确面对胜利和失败，积极处理不良情绪。
4. 愿意进行挑战，培养坚持、不轻言放弃的良好品质。
5. 在游戏中获得愉悦感与成就感，乐于参加游戏活动。

🔍 观察与支持策略

观察：
观察区域管理员是否按照地面标志，将椅子放在蓝线内。

支持：
在材料摆放区贴示边框、起点线、数字标记，方便幼儿将材料进行一一对应进行摆放。

观察：
幼儿游戏时，是一个人还是两个人。如果是一个人，原因是什么？

支持：

如果是因为缺乏沟通经验，帮助他想办法再邀请一位小伙伴与他一起参加比赛。

观察：

两名幼儿比赛时间是否同时开始，屁股是否离开椅子。

支持：

游戏前幼儿应熟悉比赛规则，为了比赛的公平，起点椅子不能超过蓝线。及时提醒他坐回椅子上，不能犯规。

观察：

游戏比赛中，幼儿面对输赢的情绪表现。

支持：

现场给双方加油，对赢的一方给予鼓励和肯定，或者奖励小贴画。对输的一方，帮助他总结游戏经验，如移动椅子时手、脚的用力点。告诉他，老师看到他在游戏中努力移动椅子时不放弃的过程很让人感动，很棒。鼓励他再试一次，或者换个对手试试。

两只小狮子在拔河

观察对方的小狮子

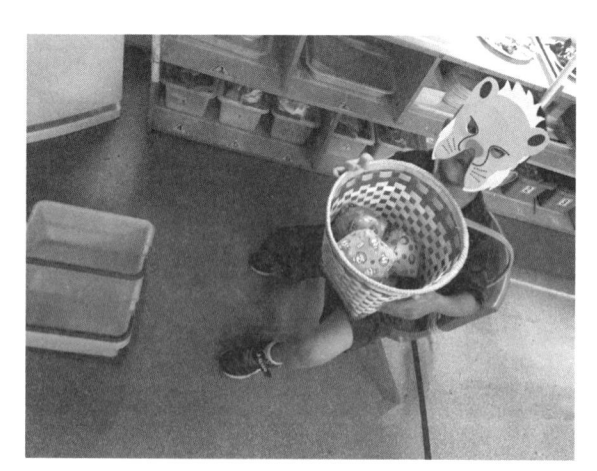

展示自己的胜利品

152 幼儿园室内活动区游戏化课程设计与实施

活动评价与反思：

　　挫折在生活中是普遍存在的，受发展水平的影响，幼儿往往不能正视挫折，不能很好地处理挫折带来的压力和消极情绪。而通过抗逆力游戏，可以让幼儿感受逆境，可以培养其健全的人格。本次活动"小动物拔河"是一个抗逆力游戏，旨在锻炼幼儿身体力量，发展幼儿肢体协调能力，提高幼儿的团队意识、竞争意识、合作意识，培养幼儿在游戏中如何正确面对输赢，接受挑战和挫折等良好心理品质。教师通过创设游戏情境，让幼儿在竞赛中体验挫折和掌握战胜挫折的办法。建议教师在游戏的每个关卡后设置奖励环节，增强幼儿克服困难的动力和参与游戏的兴趣。

活动八 有趣的三角板

园所：蓝天齐爱幼儿园　　班级：大班　　实施教师：蒋蕊菊　　指导教师：杨霞

所属板块：数学游戏

活动目标

1. 锻炼幼儿的力量；
2. 通过观察与比较，提高判断与推理能力；
3. 能通过观察拼图的细节用最快的时间完成拼图；
4. 通过互相竞争、模仿，学会与同伴友好相处；
5. 感知三角板拍、拼、藏的乐趣。

观察与支持策略

观察：
三角板太过于厚重，幼儿翻不过来。
支持：
教师先将三角板折小，以便幼儿能翻过来。

观察：
幼儿使最大力气，为什么还是翻不过来呢？
支持：
引导幼儿手掌对着卷起三角板直角的方向拍打。

▶ 活动名称：有趣的三角板

活动准备

1. 物品准备：三角形纸板
2. 经验准备：对手拍翻和接的动作有一定的经验；
3. 场地准备：室内益智区角
4. 人员准备：大班幼儿2-3人，教师1人

活动过程

玩法一：我是大力士

1. 两人/组，幼1自主邀请同伴幼2进行游戏；
2. 幼儿各自选择1种颜色的三角板各10个（如黄色、蓝色）、数字卡5张（如数字5~10）；
3. 幼儿将所有带数字的三角板放于桌上，裁判任意抽取一张数字卡如（数字7）放于桌上；
4. 幼儿通过石头剪刀布游戏决定谁先拍，赢的幼儿先仔细观察后用手掌拍翻带数字的两个三角板（如图一），其数字之和为裁判给出的数字（如数字7）；
5. 一次拍翻过三角板（如数字2），归为己有；
6. 再拍另一个三角板（如数字5），归为己有；
7. 如果拍翻过则可拍数字3和4，没拍翻过就换对方游戏；
8. 比一比谁拍的三角板数量最多，则为胜利者。

用手掌拍翻三角板

玩法二：拼拼乐

1. 两人/组，幼1自主邀请同伴幼2进行游戏；

2. 幼儿各自选择1种颜色的三角板各10个（如黄色、蓝色）；

3. 抽取任务卡；

4. 将三角板放于手背上，用力抛起再用手心接住抛起的三角板（接住的放一边，没接住的重新抛接，直到10个都接完）；

5. 用接完的三角板拼出任务卡上的实物图形（如图二），最先拼完者为胜者；

6. 输了的与裁判互换角色，获胜者接受裁判的挑战，游戏继续。

用三角板拼出任务卡上的实物图形

观察：
个别幼儿在拍打的时候喜欢拍打在三角板上。
支持：
教师引导幼儿要拍打在三角板的旁边，这样才更容易拍翻三角板。

观察：
幼儿不能拼出图形来。
支持：
教师引导幼儿先仔细观察任务卡上的实物再进行想象，大致拼出就行，根据幼儿的能力，可以换成简单的有几何图形的实物或者是用三角形拼出的图形。

观察：
游戏时裁判爱帮助选手拼图。
支持：
教师引导幼儿坚守自己的岗位，告诉他"观棋不语真君子"，耐心地等待让伙伴自己思考。

观察：
三角板在玩《玩法一》时需要将角向上卷起，在拼图的时候不是很贴合；
支持：
使用两套三角板，玩法一的三角板不过塑，玩法二的三角板要过塑。

其他区 + 游戏化课程　155

观察：

猜数者喜欢偷看。

支持：

教师给幼儿讲清规则，不能偷看，做个诚实的好孩子。

观察：

负责藏三角板的幼儿在拿出三角板的时候，没能很好遮住手中的三角板，容易让猜数者看到三角板的数量。

支持：

教师告诉负责藏三角板的幼儿要牢牢遮住藏在手中的三角板，不能被猜者看到自己手中的三角板。

观察：

幼儿不能快速猜出对方手中的三角板。

支持：

告诉负责藏三角板的幼儿可以给猜者一些提示。

玩法三：猜猜看

1. 两人/组，幼1自主邀请同伴幼2进行游戏。
2. 通过"石头剪刀布"游戏决定谁先玩，输的幼1手藏在背后，任意放几个三角板在手中（用两只手掌遮住全部三角板，不能漏出三角板）。
3. 幼2来猜幼1手中所藏三角板的数量，幼1给出提示（如：5个以内）。
4. 幼2根据提示缩小范围（如：比2大）。
5. 幼1再次给出提示（是或者不是），幼2继续缩小范围，共三次机会。如果猜中了即可拿走幼1一个三角板，没猜中，幼2反给幼1一个三角板。

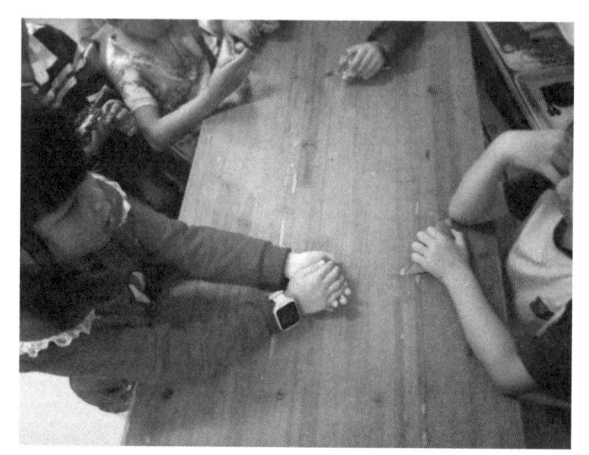

猜对方手中三角板

活动评价与反思：

苏联教育家加里宁说过："数学是思维的体操。"教师应设计有助于提高数学思维能力的益智游戏来发展幼儿学习数学和应用数学的能力。本次活动教师运用三角板这一游戏材料，设计了三种益智游戏。游戏具有一定的挑战性，能够激发幼儿参与的兴趣。游戏的难度由易到难，增强幼儿在游戏中的成就感。建议在设计益智游戏时，要尽可能提高游戏本身的趣味性和吸引力，使幼儿乐意参与游戏。

活动九 趣味数字棒

园所：蓝天齐爱幼儿园　　班级：大班　　实施教师：向国娟、兰钰婷　　指导教师：杨霞

> **活动名称：趣味数字棒**

🏷 活动准备

1. 物品准备：带点数的数字棒（若干）、妙妙箱1个、响板1个。
2. 经验准备：对数字的认知及运算。
3. 场地准备：室内桌面。
4. 人员准备：幼儿3~9人、教师1名。

📖 活动过程

玩法一：巧取"豪夺"

1. 两人/组，持数字棒的一组（约24根）以猜拳定谁第一个开始游戏。
2. 幼A用手握住全部的数字棒，幼B用手轻拍其顶部一下（如图一），幼A则放松手，小棒散落在桌面（如图二）。
3. 幼A挑选一根数字棒捡起，如没有触碰到其他小棒的情况则这一根数字棒归为己有，可继续挑选小棒，如触动其他小棒，则换成幼B挑选（如图三）。
4. 换人后按前面规则继续进行游戏，直到将所有数字棒拾捡完毕为止。

所属板块：数学游戏

📍 活动目标

1. 锻炼小肌肉的发展以及手眼协调能力。
2. 提升观察力、反应力及运算能力。
3. 懂得遵守规则，发展合作游戏能力。

🔍 观察与支持策略

观察：

刚开始的时候，幼儿很心急地拾捡数字棒，当轻微触动时还想侥幸继续游戏，旁边参与游戏的同伴提示他，他才停止游戏换人。接下来两个孩子熟悉规则后玩得越来越顺手，一名幼儿甚至看到有架在其他小棒上面的小棒时，还能想到利用已捡小棒来进行挑离。

支持：
重申游戏规则，引导幼儿学会遵守游戏规则。

观察：
幼儿游戏时不能仔细观察哪些是最有优势的数字棒，只是一味挨着捡。

支持：
引导幼儿仔细观察哪些是没有靠在一起的小棒，优先捡没有相搭在一起的小棒。

观察：
数字棒散落掉到桌子下面，幼儿捡起归为己有，引起对方的不满。

支持：
引导幼儿讨论散落的数字棒的归属问题，最后商量一致决定放置一旁不归任何人所有，下一轮游戏开始时再纳入其中继续游戏。

观察：
划拳决定游戏先后顺序时，幼儿出拳时等别人先出再决定自己该出哪个。

支持：
引导幼儿应遵守游戏规则，同时出拳，做到公平游戏，故意后出视为作弊。

幼儿用手轻拍数字棒顶部一下

幼儿撒手数字棒散落在桌面

玩法二：欢乐对对碰

1.四人/组，分为红队（2人）和蓝队（2人），各持一组数字棒（24根），红队和蓝队分别划拳决定游戏先后顺序。

2.输者随意抽出自己手里的一根摆放在桌面，胜利者在自己手里找出对应点数的小棒进行配对，如配对成功这两根则收为己有；如数字错误则这两根小棒归对方所有。

3.点数手中的小棒，比一比谁的收获多。

4. 红蓝两队的胜利者开展比赛（如图三）；失败者帮助拿小棒；重复步骤123，继续游戏。（如图四）

红、蓝两队分别划拳开始游戏

红蓝两队的胜利者进行最后比赛

玩法三：争先恐后

1. 三人/组，两人当选手，一人当裁判；
2. 两人同时闭眼，裁判从面前的妙妙箱里任意抽出两根数字棒放桌面；

观察：
幼儿由于猜拳总是输，而对手在反应力和点数能力上都非常不错，每次都能赢走数字棒，幼儿的自信心大受打击，积极性不高了。

支持：
鼓励幼儿重拾信心，帮助她分析失败的原因，让幼儿注意使用策略。

观察：
红队在完成游戏确定胜负时，两人手里的数字棒居然一样多，不分胜负，幼儿提议再猜拳一次，谁赢了就是胜利者。

支持：
引导幼儿比赛不一定非要分出胜负，一样多就是平局，这是凭着实力得到的公平结果，不能靠运气靠猜拳来分胜负，可以再玩一局，一分高下。

观察：
幼儿悄悄地睁开了眼，裁判看到后，非常生气地说："你为什么不闭上眼睛？"那名幼儿羞涩地闭上了眼。

支持：
提醒裁判注意自己的态度，我们可以委婉提示他遵守规则，游戏是为了大家玩得开心，而不是指责。

观察：
幼儿睁眼抢答时，直接说出两根数字棒相加结果，不能按规则先拍响板来进行抢答。

支持：
重申游戏规则并引导幼儿重新制定规则：一定要先拍响板，再说答案，没拍就说结果，数字棒归对方。

观察：
裁判从妙妙箱拿出数字棒时，选择性地拿在手中，还慢慢在那里数点数。

支持：
提醒裁判要任意拿两根数字棒，放桌上后指令游戏者睁眼，同时和他们一起心算，以备验证抢答结果是否正确。

3. 裁判数"1，2，3"，两人同时睁开眼，将两根数字棒的点数相加，有了结果者拍桌子中间的响板抢答，答对了裁判则将两根数字棒给他，答错了就将机会给让对方。（如图五）

4. 游戏继续，直到把其中一人的数字棒抽取完则游戏结束。

5. 数字棒多者为胜方，输方与裁判互换角色，游戏继续。

幼儿睁开眼后，抢拍响板抢答

活动评价与反思：

本次游戏来源于20世纪七八十年代的小朋友玩耍的一种小游戏，在经过与《3~6岁儿童学习发展指南》的理念相结合，让现在的孩子体验民间游戏的乐趣。这是一个规则性非常强的游戏，幼儿在游戏的过程中必须学习遵守规则，才能进一步体验游戏的乐趣。在游戏的过程中，他们也会遇到很多的难点问题，比如在游戏刚刚开始时，由于数字棒较细，也较多，相互搭在一起的机会要大得多，想要挑出一根没有被压着的数字棒还是有一定的难度。但还是有个别幼儿会想到方法来解决，比如用两只手各持一根小棒，快速挑离最上面的数字棒，这样是因为力的平衡原理，两边都有一个力，不至于将其他小棒挑动，成功率高了很多。当遇到幼儿无法分出胜负的情况时，有的幼儿还会想到将当局的数字棒评分。总之，幼儿在这个游戏的过程中，不仅体验到了游戏的乐趣，还在游戏中练习了遵守规则，问题解决以及团队合作等学习品质。

活动十 数字乐园

园所：哆来咪幼儿园　　班级：大二班　　实施教师：邓方芳　　指导教师：邓敏

> 活动名称：数字乐园

🏷 活动准备

1. 物品准备：纸杯、弹珠、自制竹子、骰子、熊猫图卡、数字卡片。
2. 经验准备：幼儿已有对数字、倒数的经验。
3. 场地准备：宽阔的教室。
4. 人员准备：两名教师、16名幼儿。

📖 活动过程

游戏一：钻山洞

1. 幼儿两人一组分别人手一套玩具。
2. 将弹珠放在盒子的定点处。
3. 听裁判员口令，幼儿开始晃动盒子使珠子按顺序钻洞。
4. 先完成者获胜。

所属板块：科学游戏

📍 活动目标

1. 按数字10~5的顺序叠杯。
2. 在游戏中锻炼手眼协调能力、专注力、反应能力和敏捷度。
3. 体验游戏带来的乐趣，有敢于挑战的勇气。

🔍 观察与支持策略

观察： 幼儿拿到盒子后弹珠在里面会随意滚动，无法掌握弹珠的平衡。
支持： 让幼儿仔细观察弹珠的滚动方向，灵活掌握盒子的倾斜度。

观察： 幼儿晃动盒子的动作太大无法将弹珠按顺序滚进洞口，就会用手把弹珠放在洞口处。
支持： 让幼儿自主讨论解决方法并尝试着将力度减小。

观察： 在游戏中一名幼儿说："老师，这个太简单了我不想玩了。"

支持： 将数字山洞的洞口打乱排列。

观察： 幼儿对数字顺序的认识不熟悉，当裁判员宣布开始时就会乱叠数字纸杯。

支持： 请幼儿试着在叠数字纸杯时将数出来如。

观察： 在玩过多次后幼儿把底盘数字顺序和位置都记住了，当裁判员说开始时很快就能按倒着数的顺序叠好。

支持： 请裁判员将数字底盘重新排列后再进行下轮游戏。

观察： 在游戏中有的幼儿一直处于落后的状态，突然对老师说："老师我不想玩了。"心情很低落。

支持： 教师和幼儿一起讨论出好的方法和技巧。鼓励幼儿再次大胆尝试。

游戏二：眼疾手快

1.幼儿两两一组，将写有数字的纸杯放在相对应的数字上（5~10）。

2.听裁判员说"开始"时，两名幼儿以倒着数的顺序进行叠杯．看谁又快又准，先完成者获胜。

3.最后再将底盘的数字打乱顺序继续游戏。

游戏三：熊猫挖竹子

1. 幼儿两两一组，分别站在自己的家中。
2. 通过石头剪子布的游戏看谁先掷骰子。
3. 谁掷出的骰子与自己熊猫上数字一致的就往前走一步。
4. 先挖到竹子者获胜。

游戏四：俄罗斯方块

1. 幼儿两人一组。
2. 由裁判员随意摆放数字卡片。
3. 裁判员说"开始"时，两名幼儿同时用手滑动数字卡片。
4. 最先按顺序排列好者获胜（1~5）。

观察：单数幼儿连续几次都是掷出双数，就有点着急了，说："我就不信我掷不到单数。"最后掷出单数就高兴地跨了一步。

观察：双数的幼儿挖到竹子，单数的幼儿就很不服气，要求再来一次，最后拿到一根竹子就高兴得不得了。

观察：有的幼儿如果自己是单（双）数，就会试图把单（双）数直接抛在地上。
支持：请幼儿按照游戏规则来掷骰子。

观察：幼儿在操作的时候，如果不能把数字卡片按顺序排列，就会用手将数字卡片拿起来按顺序放好。
支持：引导幼儿想办法怎样移动才能将数字卡片按顺序排列。

观察： 幼儿在熟悉玩法和规则后很快地将数字卡片按顺序排列，对游戏失去了兴趣。

支持： 在游戏中开始数字只有1~5的数字卡，在幼儿能熟练完成后可以增加难度，如设置1~8或1~10的数字卡。

活动评价与反思：

　　幼儿园数学教学是一门系统性、逻辑性很强的课程，有着自身的特点和规律。根据《幼儿园教育指导纲要》的要求，幼儿园的数学教学要从生活和游戏中感受事物的数量关系，并体验到数学的重要性和趣味性。教师通过精心选材和设计，开发了"钻山洞""眼疾手快""熊猫挖竹子"和"俄罗斯方块"这几种玩具，幼儿在游戏中不仅锻炼了动手能力，还发展了思维能力。教师在游戏中鼓励幼儿不断探索，激发操作欲望，不断地思考和发现，从而使他们获得成功的喜悦。值得注意的是，数学知识还应该结合日常生活随机开展，比如上楼梯学习正数，下楼梯学习倒数。最后，建议教师在开展数学游戏时应该创设生动有趣的游戏情境，让幼儿在轻松、愉悦、科学的学习环境中，通过动口、动手、动脑开发数学潜能。